武士道に生きる

――新渡戸稲造が説いた日本の精神

目次

第三章　サムライたちの生き方

第四章　その後の武士道

はしがき

この本は、新渡戸《にとべ》稲造が書いた『武士道』という本をわかりやすく解説したものです。しかし、ただ簡単に書き直しただけではありません。江戸時代の中ごろから昭和、そして現代までの歴史を背景に、日本人の持つ道徳観と、日本という国の国柄について、時代を追いながら紹介したものです。

稲造が『武士道』を出版したのは明治三三年（一九〇〇）のことでした。極東の一つの小さな島国でしかなかった日本が日清戦争に勝ち、世界が驚いた時のことです。いわば「極東にある好戦的で野蛮《やばん》な国」日本がなぜ「眠れる獅子《しし》」といわれた中国（清国）を打ち破ることができたのか、日本とはいったいどんな国なのか、世界の注目が集まっていた時のことです。ちょうどタイミングよく出された『武士道』は、すぐさま評判となり、世界の三十数ケ国語に翻訳されました。そして、日本人が書いた世界的ベストセラーの第一号になったのです。

稲造が『武士道』を書いたきっかけは次のようなものでした。

彼がヨーロッパに留学していた時のことです。明治二〇年のこと。ベルギーのラブレーという教授から「日本に宗教教育がないとすれば、道徳教育はどのようにして成り立っているのですか」と聞かれた稲造は、即答できなかったといいます。「道徳」とは人が社会生活を営む上で守るべき正しい道のことですが、欧米では例えばキリストが「隣人を愛せよ」とか「盗むなかれ」と説き、その教えに従わせる形で道徳教育が成立していたのです。

稲造はこの日本の道徳のことがずっと気になっていました。そして病気のためにアメリカのカリフォルニアで療養していた時、いろいろ考えをめぐらせる中で思いついた答えを一冊の本にまとめて現地で出版したのです。それがこの『武士道』です。あの教授の質問から一〇年以上の歳月がたっていました。

彼はもちろん日本人ですが、『武士道』は英語で書きました。英語を話す人々にわかってもらうためです。よってこの本には、聖書の言葉や当時有力だった欧米の学説が次々に掲げられています。著者の博識ぶりがうかがえますが、こうしたこともあって、決して読みやすくはなっていません。稲造自身、「日本では誰もこの本を読みたいとは思わない。出版など考えもしないだろう」と『わが幼き日々の思い出』の中で書いているほどです。しかし、それではせっかくの名著が日本人にとって縁遠いものになってしまいます。よって、この本を出版したのですが、おそらく中学や高校で歴史を学んでいれば、ほとんどの人が読めるでしょう。

今や「サムライ」という言葉は、英語の辞書にも載るほどの世界共通語となりました。最近では、スポーツの世界大会に出場する日本選手について、この言葉が使われることが多くなってきています。こうした中、注目すべきなのは、この言葉が世界中で敬意をもって受けとめられているということです。「誇り高き戦士」といった意味でしょうか。あるいは、高い倫理《りんり》性を持った人格者という意味でしょうか。

「サムライ」は断然、誉《ほ》め言葉なのです。

稲造は『武士道』の中で、こう書いています。

「サムライは日本国民の『美しき理想像』となり、『花は桜木、人は武士』と歌われるほどであった」（第一五章）
「日本人の知性と道徳は、直接的にも間接的にもサムライ自身が作り上げたものである」（同）
「サムライはすべての日本人にとって『美しき理想の姿』となった」（第一五章）
「武士道は私たちの国に生気を与える精神、すなわち原動力であったし、今もそう

である」（第一六章）

『武士道』は、日本人の道徳観について書いたものです。稲造はこのように非常に肯定的、好意的に書いていますが、こうして世界に紹介された意義には大きなものがありました。武士道やサムライ、そして日本という国の評価を高めることにつながったのです。『武士道』はすぐれた日本人論であり、稲造は日本文化の世界的伝導者でもあるのです。

武士の時代はすでに終わりましたが、まだその精神は失われていません。それは、この『武士道』という本が、今でも書店に並び、いろんな世代の人々によって読み続けられていることでもわかります。

われわれ日本人はどのような道徳大系を作り上げ、どんな歴史を歩んできたのでしょうか。そして、どこに行こうとしているのでしょう。

稲造が描いた『武士道』の世界へ、旅をしていきましょう。

第一章　武士道とは何か

花は桜木

稲造の『武士道』は、次の印象的な書き出しで始まります。

「武士道は、日本の象徴である桜の花と同じように、この国の土壌に固有の花である。歴史の標本箱に保存された、古い干からびた美徳ではない。それは今もなお力と美を兼ね備えたものとして、私たちの心の中に生きている。具体的な姿や形は取らなくとも、道徳的な香りを漂《ただよ》わせつつ、私たちを引きつけてやまない」

武士道を桜にたとえたのは稲造が初めてでは無いでしょうが、彼が『武士道』の中でこう書いたため世界がそう認めた、といっても過言ではないでしょう。なにより、武士道が日本の「花」だとしたことの意義には大きなものがあります。単なる象徴ではなく、誇るべき精華だということが世界中に印象づけられたのです。

この「桜」に関し、稲造は『武士道』の第一五章で、江戸時代の学者・本居宣長《もとおりのりなが》の和歌を紹介しています。

「敷島の大和心を人問はば　朝日に匂《にお》ふ山桜花」

「敷島」は枕詞《まくらことば》ですので特別な意味はありませんが、「大和」は日本国の別称。その心は「日本の精神」であり、「朝日に匂ふ山桜」だと宣長は言っています。絶讃といっていいでしょう。「匂ふ」は匂いがするということではなく、「美しく映える」といった意味です。

稲造はこの歌を『武士道』の第一五章で、次のように説明しています。

「朝日が極東の島々を照らし、桜の芳香が朝の大気を目覚めさせる中、この麗《うるわ》しい一日の始まりの息吹《いぶき》を胸一杯に吸い込むときほど、さわやかで澄んだ気持ちになることはない」

そして「桜こそは古来からわが日本民族がもっとも愛した花であり、わが国民性の象徴であった」（第一五章）としています。

この桜に関し、歌人・紀友則《きのとものり》の歌がよく知られています。

「久方の光のどけき春の日に　しづ心なく花の散るらん」

「しづ心なく」だから、作者は気ぜわしく散るのを残念がっていますが、この花は「桜」です。「花見」という言葉でわかるように、「花」とは「桜」に決まっているのです。これが古来からつちかってきた日本人の感覚です。この歌は古今集におさめられていますから、今からなんと千百年以上前のものです。これを今でも受け継いで愛《め》でている日本という国もなかなかだと思いますが、ともあれ、このころからすでに、日本では「花」といえば「桜」だったのです。

それから二百年後、西行《さいぎょう》が次のように詠《よ》みました。

「願はくは花の下にて春死なん　その如月《きさらぎ》の望月《もちづき》のころ」

西行はもともとは武士でしたが、世をはかなんで僧侶《そうりょ》になった人でした。また、百人一首に選ばれるほどの歌人でもありました。その彼が自分の死期を予感してのことでしょう、作ったのがこの辞世の歌です。「辞世」とは世に別れを告げるという意味ですが、この「花」も、やはり「桜」です。

「如月」は二月で、「望月」は元々「みちづき」で満月。十五夜ですから旧暦の二月一五日ころに死にたいと願ったのです。なぜ満月の日なのかわかるでしょうか。今では夜桜は当たり前にどこでも見られますが、当時はむろん電気がなく、満開の桜を夜にながめることができたのは満月の月明かりの下だけだったのです。桜が満開で月は満月、しかも天気がいい日といった条件が重なるのはなかなかあるものではありません。どうせ死ぬならこうした日、神秘的というか幽玄《ゆうげん》というか、命が引き込まれそうな月明かりに照らされた満開の桜の下で…という願いでした。

その西行ですが、はたして世を去ったのは、文治六年（一一九〇）二月一六日。まさに願い通りで、日付は一六日ですが、この月の望月は一五日ではなく一六日だったのです。今の暦では三月三〇日にあたり、満開が見込める時節でした。

どうやら桜には日本人の死生観に通ずる何かがあるようです。

続いて、次は井伏鱒二の『厄除《やくよ》け詩集』。中国の詩人于武陵《うぶりょう》という人の漢詩を翻訳したもの（一部）です。

ハナニアラシノタトヘモアルゾ
「サヨナラ」ダケガ人生ダ

原作を超えた名訳として知られるこの詩の「花」も「桜」です。満開の桜を強い風が吹き散らす、常ならぬ世のはかなさを巧みにうたっています。

なぜ日本人は桜が好きなのでしょうか。

稲造は書いています。


「その美しさに備わった洗練と優雅さがいかなる花にも増してわれわれ日本人の美意識に訴えるのだ」（第一五章）

そして西欧人がバラを愛するのを引き合いにして、こう述べています。

「私たちの愛する桜の花は、その美しい装いの陰に、トゲや毒を隠し持ってはいない。自然のなすがままいつでもその生命を捨てる覚悟がある。その色に派手さはなく、その香りが鼻につくこともない」(第一五章)

なぜ武士道は桜なのか、と問われれば、おそらく次の二つが考えられるでしょう。一つは「清らかさ」であり、もう一つは「潔《いさぎよ》さ」です。

毎年、春になると、葉より先に花が咲き、木全体が一面、薄紅《うすくれない》色に染まる、まじりっけなしの清楚《せいそ》な姿が桜ならではの美しさであり、その一方で、散り際の潔く未《み》練《れん》のない様も桜に運命づけられた個性といっていいでしょう。おそらくは、これが武士の生き方と重なったということではないでしょうか。

ただし、日本人の桜好きも平安時代からで、その前の奈良時代には中国からの影響もあり、「梅」の花を愛《め》でたといいます。遣唐使が廃止された八九四年ころから徐々《じょじょ》に日本人特有の個性が現われはじめ、次第に「桜」へと変わっていったと考えられます。簡単に言えば、万葉集の奈良時代は「梅」、古今集の平安時代は「桜」でした。ちょうどこのころ、武士つまり、サムライが台頭してきたのです。

武士道の誕生

武士はもともと、武器を巧みにあやつった武人のことであって、貴族の警護や建物の警備を生業《なりわい》にしていたようです。いわば用心棒かガードマンといったところでしょう。稲造は第一章にこう書いています。

「彼らは元来、戦うことを使命とすることで特権階級となった荒くれ者たちであったに違いない」

奈良時代から平安時代の初めは、藤原氏に代表される貴族が国の政治を行なっていました。武士はそういった人々に仕えていた者たちで、サムライという言葉は、「侍《さぶら》う」から来ています。つまりこの名詞形が「さぶらい」であり、それが「さむらい」となったのでした。

貴族たちは自ら働かず、自分の持っている農地（荘園）から税（農作物）を得て生活をしていました。そしてその農地をサムライに管理させるようにしたのです。サムライは武器を持っていますから、その威勢を示せば思うように農民を従わせることができましたが、そのうちに、武力による支配では人の心をつかめないことに気付いたのでしょう。自ら汗を流して努力しない者、人として尊敬に値しない者は、結局は支持されないのです。また、争ってばかりでも同じです。

「やがて彼らが支配階級の一員として身につける名誉と特権が大きくなるに従い、それらに伴う責任や義務も大きくなってきた。そして同時に、彼らは行動様式についての共通の規範というものの必要性を自覚するようになった」（第一章）

その「共通の規範というもの」が、つまり「武士道」の起こりです。

サムライたちが競って「有徳者」、つまりは「いい人」を目指したのでした。

「勇猛果敢なフェア・プレイの精神――この野性的で子供じみた素朴《そぼく》な感覚の中に、なんと豊かな道徳の芽生《めば》えがあったことか。これこそ、あらゆる文武の徳の根本といってよい」（第一章）

この「フェア・プレイ」こそ、サムライとしての生き方つまり道徳であり、稲造が言った「子供じみた素朴な感覚」だったのです。おそらくは、世界的にもまれな「いい人革命」が起こったのでした。それも、刀という武力を背景にしながらも、あえてその武力を控えて高め合った「道徳合戦」でした。

「もし、武士が殺し合いの軍事的なものだけに頼り、より高い道徳的な拘束力《こうそく》なしに生きたとするならば、武士の生活の中に武士道という崇高《すうこう》な道徳律は生まれなかったであろう」（第一章）

平安時代の中ごろに力を得た武士は、しだいに支持を得て勢力を拡大し、貴族政治をおびやかすほどになります。まずは平家という武士集団が力を得ますが、これも貴族化しました。そして彼らは壇之浦《だん》で源氏に敗れ、世は鎌倉時代に入ります。

鎌倉時代は史上初の武家政権でした。日本の国の最高権威は代々天皇にありましたが、その天皇から政権を託され、武士がこの国の政治を取り仕切ることになったのです。建久三年（一一九二）、源頼朝は朝廷から征夷《せいい》大将軍を拝命しました。朝廷とはつまり天皇のことです。これ以降、わずかの例外を除くと、明治時代が始まるまで営々と武家政権が続きます。サムライは高い身分にありました。

鎌倉時代の末期には元寇《げんこう》といってモンゴルが日本に攻めてくるという国難があり、そのためもあって室町時代に移ります。その後、戦国時代をへて、慶長五年（一六〇〇）、天下分け目の関ヶ原の戦いがあり、江戸時代に入りました。

この江戸時代も武家政権でしたが、慶応四年（一八六八）に至るまで、約二七〇年にわたって、ほとんど戦争らしいものがない平和な時代でした。そしてこの江戸時代、武士道は完成の域にまで達するのです。

作家の司馬遼太郎《しばりょうたろう》は、こう書いています。

「幕末期に完成した武士という人間像は、日本人がうみだした、多少奇形であるにしてもその結晶のみごとさにおいて人間の芸術品とまでいえるように思える。しかしこの種の人間は、個人的物欲を肯定する戦国期や、あるいは西洋にはうまれなかった。サムライという日本語が幕末期からいまなお世界語でありつづけているというのは、かれらが両刀を帯びてチャンバラをするからではなく、類型のない美的人間ということで世界がめずらしがったのであろう」――『峠　下』

三つの源泉

桜に象徴される武士道に強い影響を与えたものとして、稲造は、仏教、神道、儒《じゅ》教の三つをあげています。

「まず、仏教から始めよう。仏教は運命に対する穏やかな信頼の感覚、避けがたい事柄を静かに受け入れ、危険や災難に出会っても厳しく自分を律し、いたずらに生に執着《しゅうちゃく》することなく死に親しむ心をもたらした」（第二章）

仏教は言うまでもなく外来の宗教ですが、日本に大きな影響をもたらしました。開祖である釈迦《しゃか》は実在の人物です。北インドのある王国の王子という身分でしたが、人々がいろんな苦しみから逃れられずにいるのを見て、なんとか救うことができないかと修業を積み、ついに悟りを得ました。仏教の基本的な考え方は「すべてのものは必ず滅ぶ」というもので、この真理に気付き、納得して受け入れることが救済の道だというものです。こうした考えを諦観《ていかん》といいます。運命を受け入れ、生への執着を捨てて死を恐れないということは、つまり「潔さ」をもたらしたのです。

「仏教から得られなかったものについては、神道が十二分に提供した。主君に対する忠誠心、祖先への崇拝、親への敬愛など、他の宗教では得られなかったものが神道の教義から導入された。これにより、とかく傲慢《ごうまん》になりやすいサムライの性格に謙譲《けんじょう》の美徳が加えられるようになった」（第二章）

神道は（しんとう）と読みます。この宗教は日本古来のもので、わかりやすく言うと、神社信仰のことです。神道は人と郷土を大事にし、世の中の繁栄（「弥栄《いやさか》」といいます）を祈るのが基本です。国の大本の存在として神話を引き継ぐ天皇を崇《あが》めますが、神道は自然を畏敬《いけい》する宗教でもあります。山や川、海などに神を感じ、社《やしろ》を建てて拝むということから、人間の小ささを確認することにもなったのでしょう。謙虚という感覚が養成されたものと思われます。

この神道の特徴として象徴的なのが「禊《みそぎ》」です。汚《けが》れを水で流しきれいにするというもので、神社にはまず必ず水で手と口を清める所があることでもわかります。

この禊によって、刷新《さっしん》や回生という考えが起きました。進歩、改革、改善など、未来志向の生き方に価値が置かれたのです。失敗を「水で流す」というのも神道の考え方といっていいでしょう。物はいつか傷《いた》んで朽《く》ちる。ならば新しく造り替えようというのが日本人の考え方です。これは、伊勢神宮の式年遷宮《せんぐう》でもわかります。日本人は汚れのない「清らかさ」を愛します。桜にはそれがあるのです。

武士道に影響を与えた三つ目が儒教です。儒教と言っても宗教のことではなく、人はどう生きるべきか、社会はどうあるべきかについて、中国の偉人・孔子《こうし》が説いた教えです。彼の死後、弟子たちが『論語』としてその考えをまとめました。

「厳密に倫理《りんり》的な教義としては、孔子の教えが武士道のもっとも豊かな源泉となった」（第二章）

倫理とは道徳のことで、人としてどう生きていけばいいのかについての指針のことです。一例をあげると「己の欲せざる所は人に施すことなかれ」などということになりますが、その昔、学問と言えば『論語』であり四書五経という古典でした。武士道は、五倫、つまり君臣・父子・夫婦・兄弟・朋友のあるべき関係について、

『論語』から学んだとされます。

「穏やかで慈悲《じひ》深く、世間をよく知っていた孔子の政治道徳の教えは、支配階級のサムライにとってはとりわけふさわしいものであった。孔子の貴族的で保守的な論調は、武士階級の要求によく合ったものだった」(第二章)

稲造はこのほか、孟子《もうし》も大きく影響したとし、「強烈でときには極めて民主的」(第二章)であったと書いています。「強烈」とは易姓《えきせい》革命のことでしょう。当世の支配者に徳がなければ、新たな支配者がとって代わるのが道理だという考えです。事実、中国ではたびたびこの原理によって王朝が代わりました。日本では天皇家が一貫して権威を持ち続けていますから、孟子の思想は危険だと考えられたのです。また「(極めて)民主的」とは、国家や君主より人民が大切だと説いていることでしょう。孟子は、人間はもともと善人であるという「性善説」を説きました。

儒教の教えは、結局のところ、善を勧めるということに尽きます。「勧善懲《ちょう》悪」の「勧善」ですが、これが昂《こう》じると形骸《けいがい》化し、独善や偽善《ぎぜん》に陥《おちい》りやすくなります。日本では運良くこの弊害《へいがい》を受けずに済みました。というのも、儒教がとかく身分の上下を言い立てるのに対し、仏教は「盛者必衰《じょうしゃひっすい》」や「諸行無常《しょぎょうむじょう》」を説くからです。それが神道の「清浄志向」とあいまって、「いつか死ぬ人生をせめて美しく終わりたい」という美意識を生み、「独《ひと》り善《よ》がり」に歯止めをかけたのでしょう。

孔子や孟子の学問は、どうしても古典を学び尊重する形になりますが、稲造は古人の教えをただ知識として身に付けるだけの姿勢には疑問を唱《とな》えました。

「武士道は知識のための知識を軽視した」（第二章）

稲造は「論語よみの論語知らず」という格言を掲げ、王陽明という学者の「知行《ちこう》合一《ごういつ》」という考え方を紹介し、実際に行動に起こすことの意義を説いています。

「知識は本来、目的ではなく、知恵を得るための手段とされた」（第二章）

そのため、武士道の本質的原理はシンプルで、数も多くはありませんでした。

稲造は「学問より実行」とか「実践躬行《じっせんきゅうこう》」という言葉を残しています。「躬」は「みずから」の意味です。

サムライの職分

武士は本来、武器を持った戦士ですから、戦場その他で数多くの死を見てきたはずです。自らが他の命を殺《あや》めたこともあったでしょうし、自分が生命の危機を感じたこともあったでしょう。そうした中で、この世に生まれてから去っていくまでの人生の価値について考えたに違いありません。犬死にで終わるのか、それとも価値ある一生を終えられるのかについて悩み、いま生きている現世での有り様を恥ずかしくなくし、そのため常に自らを律して、いつ死んでも悔《く》いのない有意義な人生を送りたいと思ったことでしょう。

山本常朝《つねとも》の『葉隠《はがくれ》』にある次の言葉は、あまりにも有名です。

「武士道といふは死ぬ事と見付けたり」

これはつまり、死は避けられないものだけに「死に際を見事にせよ」ということであり、裏を返せば「生き方に恥じることのないように」という心得に他なりません。命よりも大事なものがあるということ、そしてそれが「名誉」だということにサムライたちは気付いたのです。彼らは純粋で清らかな生き方をしつつも、時が至れば未練なくこの世を去る潔さを良しとしました。武士道が「桜」にたとえられるのはこのためです。

稲造が説いた『武士道』とは、武士が持つべき「恥じることのない生き方」であり、武士が信じた「サムライとして生きる道」のことです。本来は武士だけのものでしたが、この考えは次第次第にこの国の社会全体に広まり、国民性といっていいほどになったのでした。

「武士道は、その生みの親である武士階級からさまざまな経路をたどって流れ出し、大衆の間で酵母《こうぼ》として働き、日本人全体に道徳の基準を提供した。もともとはエリートである武士階級の栄光として登場したものであったが、やがて国民全体の憧《あこが》れとなり、その精神となったのである。むろん大衆はサムライの道徳的高みまで到達することは出来なかったが、日本の精神である『大和魂《やまとだましい》』は、ついにこの島国の民族精神を表わすまでになった」（第一五章）

この武士道の「道徳的高み」について、稲造は「ノーブレス・オブリージュ」という言葉を使って説明しています。

「ブ・シ・ドウは言葉の意味で言えば武士の道、すなわち高い身分の武士がその務めだけでなく日常生活においても守るべき道を意味する。一言で言えば『武士の道徳』、つまりは武士階級の『ノーブレス・オブリージュ（高き身分に伴う義務）』のことである」（第一章）

この「ノーブレス・オブリージュ」という言葉を最初に日本に紹介したのは稲造であろうと思われますが、こうした倫理観があったからこそ、武士道が西洋の騎士道と並んで世界から一目おかれる存在となったのです。人の上に立つ地位の者には、それなりの倫理や社会的責任が求められるという道徳的精神がそれです。武士道は、ただの「荒くれ者の掟《おきて》」でなくなったのはこのためでした。

この「高き身分に伴う義務」とはどういうものか。例をあげるとよくわかります。一九八二年のことです。大西洋にある英名フォークランド諸島の帰属をめぐって、イギリスとアルゼンチンの間に戦争が起こりましたが、この戦いにイギリスのチャールズ皇太子の弟アンドリュー王子が従軍したことがありました。王位継承権を持つ王子であれば、銃後で傍観《ぼうかん》していてもよさそうなものですが、逆に高い身分であるからこそ国の一大事である戦争に馳《は》せ参じたのです。これが「ノーブレス・オブリージュ」というものです。

日本でこの考えが生まれたのは、戦国時代の合戦においてでしょう。あるいは、『武士道』が書かれたのは日清戦争の後ですから、稲造はその戦争のことを意識していたのかもしれません。危ないことは部下の兵士にさせてそれで良しとするのではなく、自ら先陣を争い、命がけの戦いをして当然といった価値観が日本の武士にあったということです。自尊心、自己犠牲の精神といっていいのかもしれません。

稲造が指摘した「武士階級のノーブレス・オブリージュ」については、日本社会に特有の事実が雄弁に物語っています。その事実とは「日本には城がない」ということです。城といっても日本ではこれを「しろ」と読み、領主の住む砦（とりで）と解釈していますが、城は本来「じょう」と読み、町全体を取り囲んだ巨大な石塀《いしべい》のことを指します。他国ではこのような石塀があり、刑務所の壁のように脱出や進入ができないほどの高い塀で都市を囲んでいました。こうした壁は数キロの長さに及びます。こうして敵の進入を防ぎ、都市の安全をはかったのです。この城壁がないと敵に攻められ、町全体が皆殺しにされてしまいます。このような歴史が、中国にはいくつもありました。これは西欧でも同じです。

日本には「城（しろ）」はあっても、「城（じょう）」はありませんでした。これがなくても町が安全だということは、日本の社会には、合戦で戦うのは戦闘員だけだという共通認識があったということです。田畑を耕す農民や都市に住む町人は殺さないという不文律ができあがっていました。これを見て、外国人は不思議に思いますが、サムライ階級の倫理感が発達していたということです。戦いが起きれば実際に命のやりとりをするのはサムライだけであり、そのサムライが高い地位にあったからこそ、自国のために命を賭けて戦って当然という意識を持っていたのです。「ただの荒くれ者」ではないという自己証明のようなものでした。

それでは、現代ではどうでしょう。日本は国際紛争を解決する手段として戦争を放棄《ほうき》していますから、その地位に関わらず戦いに出向くことはありませんが、今の世の中にあっては「上司であれ最前線の辛く困難な現場で自ら汗を流す」ことこそノーブレス・オブリージュに当たるということでしょう。後方の冷暖房がきいた快適な所で安楽に過ごし、現場の担当者を顎《あご》で使って舌打ちをしているようではサムライではありません。

この「ノーブレス・オブリージュ」はフランス語です。稲造があえてこの言葉を使ったのは欧米の人々にわかってもらいたかったからですが、それでは日本の武士はこうした精神をどう表現していたでしょう。

武士道には正規の教科書はありません。せいぜい口伝えで受け継がれた道徳原理があるくらいですが、これについて山鹿素行《やまがそこう》は「職分」という言葉で説明しています。彼は江戸時代の前期、赤穂藩《あこう》に仕えていた儒学者です。


「士として其職分なくんば有るべからず。職分あらずして食用足らしめんことは遊民といふべし」　　――『山鹿語類　士道篇』

江戸時代は士農工商という身分制度が決められていました。武士はその一番上に位置していましたが、だからこそ「高い身分にふさわしい務め」が求められており、それがサムライの「職分」だったのです。何か重大なことが起きると一命を賭《と》してそれにあたることを務めとしていたのです。

武士は作物を育てません。物も製造しないし商《あきな》いもしません。武士としての務めを果たさず食べているだけでは遊んでいるようなものだとされていたのです。

こうした武士の徒食については、八戸藩に仕えていた安藤昌益《しょうえき》という医者が「殿様も武士も泥棒である」といった激烈な批判をしました。しかし、武士は本来、今でいうところの公務員であり、ふだんから政治家・警察・裁判官・事務員などの仕事をしていました。武士は年貢《ねんぐ》と引き換えに農民に対し、平和で安心できる生活を保証していたのです。百姓の抵抗運動とされる一揆《いっき》や強訴《ごうそ》などは、飢饉《ききん》のような異常事態の下で発生したということでしょう。

また、武士は農民を抑圧または搾取《さくしゅ》していたと批判する人がいますが、むしろ武士の方が抑制的であったことは、一六世紀に来日したフランシスコ・ザビエルの言葉でわかります。書簡の中で彼はこう書いています。

「日本人は貧《まず》しいことを恥ずかしがらない。武士は町人より貧しいのに尊敬されている」

武士は「清貧《せいひん》」を甘んじて受け、しかも貧しいことを恥とは思っていませんでした。それ以上に大切なことがあったのです。

稲造は武士だった

稲造は『武士道』の序文で、日本の道徳教育について「私は被告人の立場から物を言える」利点があると述べています。「物を言う」とは説明するという意味ですが、「被告」というからには、彼自身なんらかの容疑を受けていると認識していたということでしょう。その「容疑」とは、「宗教教育のない日本の怪《あや》しさ」であり、稲造が「被告」として物を言うということは、彼自身が「武士」でもあったということにほかなりません。

新渡戸稲造は文久二年(一八六二)、盛岡に生まれました。代々続く武士の家系で、祖父・傳《つとう》、父・十次郎とも領内の開拓に力を注いでいました。米作りのできる土地をふやすことで、食料増産、人口増加を目指し、ひいては藩が豊かになるよう心をくだいていたのです。「稲造」の名は未開の台地・三本木原に引かれた人工河川「稲生川《いなおいがわ》」から名付けられたものです。もともとは「稲之助」でしたが、後に、「稲造」に改められました。

その稲造は五歳のとき、「袴着《こちゃく》の儀」を受けています。武家に生まれた子が武士になる儀式です。

「サムライの子は、ごく幼いころから刀の扱いを習った。五歳になると武士の正装で碁盤《ごばん》の上に立たされ、それまで遊んでいた玩具《がんぐ》の代わりに本物の刀を腰に差すことを許された。これにより晴れてサムライの仲間入りを認められ、一生の記念すべき日となったのである」（第一三章）

しかし、彼が五歳になった慶応三年（一八六七）一二月、父・十次郎が他界します。その時、めそめそしていた稲造に、母・勢喜《せき》はこう言って叱ったといいます。次は『わが幼き日々の思い出』にある、メリー夫人の序文（原文英語）。

「葬儀の日、稲造が部屋の隅《すみ》で泣いているのを見付けると、母はそこから出て来させて、『覚えておきなさい。サムライは泣いてはなりません』と言った。『わかっているよ。でも、止まらないんだ。恥ずかしいから人に見られないように隅に行ったんだ』と彼は答えた」

稲造はサムライでした。ただ、それは江戸時代の最後の数年のことでした。彼が六歳のとき、江戸時代は終わり、新しい明治の時代に入ります。そして、明治四年（一八七一）に出された廃藩置県の詔《みことのり》によって藩が廃止され、武士は世の中に存在しないことになりました。彼はラスト・サムライだったのです。

稲造は子供のころ、四書（大学・中庸《ちゅうよう》・論語・孟子）という古典の素読《そどく》をしたり、剣術の稽古《けいこ》などをさせられました。彼は手がつけられないほどの腕白坊主だったといいます。

こうした彼に父親がいないこともあり、教育が気がかりだった母は、叔父《おじ》・太田時敏《ときとし》のもとに彼を養子に出すことにしました。時敏には跡継ぎになる子がいなかったのです。

そのとき、祖父・新渡戸傳は、

「この子を養子にし、東京で教育する件については賛成だ。彼のことは知っている。正しい方向に導けば国の誉《ほま》れともなるが、指導を誤れば始末の悪いならず者になるだろう」　──『わが幼き日々の思い出』

と、太田時敏への手紙に書いていました。祖父は彼の器の大きさを見抜いていたのです。

稲造は兄・道郎とともに駕籠《かご》に乗って上京し、「太田稲造」として新しい人生を歩き始めます。文明開化の時代にあって、これからは西洋の学問を身に付けることが大事だということに気付いたのでしょう。そのための上京です。そしてまた、これには新渡戸家が所属していた南部藩が江戸時代最後の戊辰《ぼしん》戦争で敗れたという事情もあったと思われます。明治の初めは薩摩《さつま》や長州といった勝ち組でなければなかなか出世は見込めませんでした。

叔父・太田時敏は、養子となった稲造に教育を受けさせ、その後、海外留学の費用一千円を出しました。つまりは私費留学です。留学の経費「一千円」は、当時、家が建つほどの金額でした。

稲造に武士道を教え、新時代に生きる教育を受けさせたのは、この太田時敏でした。時敏は傳の弟で、もとは新渡戸姓でしたが、親戚筋の家に養子に入ったため、太田姓となっていたのです。稲造はその太田家に入っていましたが、後に兄の養子になるという形で元の新渡戸家に戻っています。家督《かとく》相続のためでした。

八つの徳目

武士道とは、サムライの生きる道、つまりは道徳のことです。サムライは日々、剣術に励み、古籍《せき》に学びましたが、力をふりかざして社会を支配することを第一に考えたのではありません。覇権《はけん》を争った戦国時代はともかく、武士道が確立した江戸時代にあってはすでに武闘的な性質はおさまっていました。サムライは本質的に戦いを好むものでありません。民衆を搾取《さくしゅ》するものでもありません。このことは、稲造の『武士道』にはっきりと書かれています。

「武士の教育において第一に重視されたのは、品格の形成であった」（第一〇章）
「武士道の究極の理想は平和である」（第一三章）
「サムライは社会的には民衆より高いところに位置していたが、道徳の規範を定め、自らその見本を示すことによって民衆を導いたのである」（第一五章）

『武士道』には、「道徳の規範」として、次の八つの徳目が掲げられています。

「義」…正しき心
（悪を許さず、人道をつらぬこうとする気持ち）

「勇」…ひるまぬ心
（良かれと思うことを、ためらわずに実行しようとする気持ち）

「仁」…思いやりの心
（めぐまれない人に情をかけ、力になろうとする気持ち）

「礼」…わきまえる心
（節度や分際《ぶんざい》を知り、身を美しくしようとする気持ち）

「誠」…まことの心
（うそ、いつわりのない純粋な気持ち）

「名」…気高《けだか》き心
（恥を知り、誇りを失なわない気持ち）

「忠」…つくす心
（目上の人に奉仕する気持ち）

「克己《こっき》」…くじけぬ心
（自分の弱さに打ち勝とうとする気持ち）

この八つについては、ともかく暗記してほしいと思います。
まずは徳目を「義・勇・仁・礼・誠・名・忠・克」と並べ、「ギユウ・ジンレイ・セイメイ・チュウコク」と音で覚えてください。そのあと、それぞれを漢字に直せるようにし、さらにそれぞれがどんな意味なのか、知らない人に説明できるまでよく理解することが大事です。サムライはこうしたことを特に書物で教わることなく、先人から聞くなどして自然に身につけていきました。いずれも「日本の精神」

ですから、日本人にはそれほど難しくないでしょう。
稲造は書いています。

「武士道は、いかに有能な武士であったとしても、その人、一人の頭脳が創造したものではない。あるいはまた特定の立派な武士の生涯を基にしたものでもない。むしろそれは、数十年、数百年の長きにわたる日本の歴史の中で、武士の生き方として自発的に醸成《じょうせい》され発達を遂《と》げたものなのである」（第一章）

だからこそ、日本の国花「桜」にたとえられるほど違和感がなく、清く潔いものなのです。日本人の桜好きは今も昔も変わるところがありません。

武士道は、日本人の美意識であり、美学でもあります。日本人はみっともないことを嫌います。うじうじしているのも嫌いです。

司馬遼太郎はサムライのことを「類例のない美的人間」と書きました。日本人は「美しいか、美しくないか」に生きています。それをもとにした道徳大系、行動規範が『武士道』なのです。

その八つの徳目については、次章で詳しく見ていきます。

第二章　武士道の心

義は「正しき心」

「正義」の義がこれです。テレビドラマのヒーローが「正義の味方」とされ、悪を倒したり地球を救ったりしますが、こうした考えが「義」なのです。これが「正しい」ことは言うまでもありません。また、「勧善懲悪」という言葉もあります。「善を勧め、悪を懲らしめる」という意味で、これも「正義」の一つです。

時代劇では、敵討《かたきう》ちに加勢しようとするサムライが「義によって助太刀《すけだち》いたす」などと言ったものでした。これは「道義的正しさ」や「人道」ということです。

次に、「義」を使った言葉を見ていきます。

「義人」…人道や社会正義のために命がけの努力をした人。

「義戦」…正義を貫くための戦争。
「義挙」…正義の心で起こす行為。
「義捐《ぎえん》」…人道の心で所有権を棄《す》てる。「捐」は放棄する意。「義援」は当て字。
「義士」…正義の心を持ったサムライ。

稲造は「義」について、こう述べています。

「義はサムライの掟《おきて》の中で最も厳しい規律である。武士にとって卑怯《ひきょう》な行為、不正な振る舞いほど恥ずべきものはない」（第三章）

そして「義」とは、命を賭けられるほどの徳目だというのですが、この「義」については注意が必要です。何が「正しい」のか、人によって考え方が違っているからです。独立戦争を例にあげると、独立派はこの戦争を「義戦」だと考えています。命をなげうってもいいほどの「義」があるというのです。一方、宗主国にとっては「無法の反乱軍」であり、これを抑えるのが正義です。とかく「戦争に大義なし」といいますが、とんでもない話で、戦争は義と義の戦いなのです。評論家の山本夏彦は「正義は人を殺す」と言いましたが、まったくその通りなのです。

世に「聖戦」という言葉がありますが、我こそ正義だと思う人が反対者を悪と決め付け、「悪は悪いのだから討《う》って当然」などという論理をふりかざしかねない言葉なのです。

なお、「義」や「善」には、誰がそう思うかという視点が問題になります。

「義」のつく言葉には他に「義理」がありますが、これは「義理チョコ」に見られるように、「仕方なく行なわなければならない義務的なもの」という別の意味になってしまいました。これは「偽善《ぎ》」であり、つまりは「偽《いつわ》りの義」ということです。稲造はこれを「卑怯者の詭弁《きべん》」（第三章）だとしています。

勇は「ひるまぬ心」

「勇」は積極的に行動しようとする気持ちのことです。勇気といえば、とかく危険や困難を恐がらない態度といった印象がありますが、むしろ果断《かだん》に行動を起こす意欲、あるいは強い意識を評価した言葉です。「勇」とは「立ち上がる勇気」のことです。ただし、行動するにあたっては、その目的が正当なものでなければなりません。

「勇気は、義のために行なわれるのでなければ、徳の中に数えられる価値はないとされた」（第四章）

行動を起こすにあたっては、その行為が正しいという裏付けが必要なのです。これについては、『論語』為政《いせい》篇の一節がよく知られています。

「義を見てなさざるは勇なきなり」

人として立ち上がるべき時に立ち上がらないのは勇気がないということだ、と言っているのです。これはすなわち「勇気とは正しいことをすること」だともいえます。正しいことをするのに、ひるんではいられません。サムライは臆病《おくびょう》という心の弱さを嫌いました。

「サムライは本質的に行動の人であった」（第一〇章）

前章に記したように、稲造は「知行合一」とか「実践躬行」という言葉を使って実際に行動することの大切さを説いています。何かを学ぶにしろ、単なる学問のための学問であってはならないというのです。

一方、義の裏付けのない勇については「匹夫《ひっぷ》の勇」とし、軽蔑《けいべつ》に値するとしています。「匹夫」とは「取るにたりない者」の意味です。

「武士道では…必要もないのに刀を振り回すのは卑怯者とか虚勢《きょせい》を張る者とされ、蔑《さげす》まれた」（第一三章）

血気に逸《はや》って死に値いしないもののために死ぬのは「犬死」とされました。山本常朝が『葉隠』の中に「武士道といふは死ぬことと見つけたり」と書いたとはいえ、死を賭《か》けるほどの「義」が必要なのです。

このことについて、稲造は水戸光圀《みとみつくに》の次の言葉を引いて説明しています。

「戦いのまっただ中に飛び込んで討ち死にすることはたやすいことで、身分の賤《いや》し

い者にもできる。生きるべき時に生き、死すべき時に死ぬことこそ、真の勇気というものである」（第四章）

そして、「真の勇気」とは派手なスタンドプレーではなく、むしろ静的なものであると説いています。

「勇気の心的側面は、沈着つまり落ち着いた精神状態として現れる。大胆な行動が動的表現であるのに対し、平静さは静止の状態での勇気である。真に果敢《かかん》な人間は常に物静かである。決して驚かされず、何物によってもその心の平静をかき乱されることはない」（第四章）

稲造はここで「衣川《ころもがわ》の戦い」の故事を取り上げ、「勇」を説明しています。十一世紀末のことです。この戦いで敗れ、引き返そうとした安倍貞任《さだとう》に向かって、追っ手の源義家は「きたなくも敵に後ろを見するものかな。しばし返せや」と大音《おん》声《じょう》で呼び止めます。そして馬を止めた貞任に、こう言い放ちました。

「衣のたてはほころびにけり」

「衣のたて」は「衣川の館」のことですが、「ほころび」としたため「衣の縦糸《たて》」の意味にもなります。逃げ帰っても館はすでに落ちてしまったぞと迫ったのです。

これに対し、貞任は少しもあわてず、

「年を経《へ》し糸のみだれの苦しさに」

と「上《かみ》の句」をつけて一首を完成させたのでした。年をとって弱くなった苦しさを嘆《なげ》いたものですが、これを聞いた義家は弓をもどして追撃をやめました。この、当意即妙の歌のうまさもさることながら、命のやりとりをする戦いの中にあっても心の平静を失なわなかった相手に感服したのです。「真の勇気」を見たのでした。

松尾芭蕉《ばしょう》は元禄二年（一六八九）六月二九日にこの地を訪れ、

「夏草や兵《つわもの》どもが夢の跡」

と詠《よ》んでいます。衣川は岩手県西磐井《いわい》郡平泉町の高館という所にあります。この地は、稲造が生まれたのと同じ、旧南部藩の領地でした。

仁は「思いやりの心」

仁は「ジン」という音のひびきで損《そん》をしています。いかにも金属的で固い印象を与えますが、実はやさしさの極致のような、あたたかい心なのです。

「愛、寛容、他者への情愛、共感と哀《あわ》れみの心、つまり仁は、常に至高の徳として、人間の魂が持つあらゆる性質のうちで最も気高いものとされてきた」（第五章）

「か弱き者、敗れたる者、虐《しいた》げられた者への仁の愛情は、特にサムライに似つかわしいものとして称揚《しょうよう》された」（同）

サムライは本来、武器をもって戦うことをつとめとしてきたのですが、この仁を持つことで、ただの荒くれ者ではなくなったのです。

町を歩くと、病院の医療法人名に「〇〇会」といった表示がされ、その〇〇の所に、「仁」の文字が多く使われていることに気付いていたでしょうか。たとえば「同仁会」のようにです。「医は仁術」といいますが、「仁」とはこのように、弱い者や虐げられた者に対する「いたわり」のことです。患者は手厚い愛を必要としているのであり、そういった弱い立場の者に対する慈悲の心がこの「仁」なのです。為政者《いせい》がこの「仁」の心で政治を行なうと民衆の支持を得られますが、そういった政治を「仁政」といいます。今の言葉では「人にやさしい政治」といったところでしょうか。「仁」とは簡単にいえば、「愛情」のことです。

『論語』の学而《がくじ》編に「巧言《こうげん》令色すくなし仁」とあります。うわべだけのへつらいは本当の思いやりではないという意味です。

また、この「思いやり」に関連して、「武士の情け」という言葉もあります。相手が間違いをおかして面目を失なっている時は、その弱い立場に免じて追求を控えるといった意味です。これも一種の「仁」と考えることができるでしょう。ただし、そもそもその相手が敬意をもって遇《ぐう》されるだけの人物なのか、情けをかけるだけの事情なのか、確認する必要があるのは言うまでもありません。

次は『武士道』に書かれた伊達政宗の言葉です。

「義に過ぎれば固くなる。仁に過ぎれば弱くなる」（第五章）

「仁」については、「惻隠《そくいん》の心は仁のはじめなり」という言葉もあります。「惻隠」とは、困っている人に対する同情の気持ちのことですが、仁は盲目的な愛ではありません。甘えを許すことではないのです。

なお、「仁義」という言葉は、本来の「仁」の意味から離れ、特殊な世界での掟や挨拶の意味になってしまいました。これは武士道ではありません。

サムライは「仁」の心を養うため、音楽や詩をたしなんだといいます。

礼は「わきまえる心」

「礼儀」という言葉がある通り、「礼」はマナーのことです。もともとは神をまつる作法であって、孔子はその先生でした。何を「わきまえる」のかというと、礼儀をわきまえ、節度をわきまえ、他人の立場や気持ちをわきまえ、身の程つまり、なすべきことと、なすべからざることをわきまえることです。いわば「礼節」です。

日本人はこの「礼」を大切にし、相手を見ればともあれお辞儀《じぎ》をしようとします。日本の政治家が外国に行ってペコペコ頭を下げてしまうのは、習慣上、相手も同じようにするものと信じているからです。しかし他国でこのようなことをすると、謝罪とかへつらいなどという意味に受け取られかねません。

「礼」は決められた作法通りすればいいというものではなく、心がこもっていることが大事です。

稲造はこう説明しています。

「礼は他人への思いやりが外に表れたものでなければならない」（第六章）

「礼の最高の形は、ほとんど愛に近い」（同）

「礼」とは、自分が恥ずべき人間ではないという意思表示であって、心の中にわだかまりのないことを相手に伝える態度でもあります。こうした、相手を思いやる気持ちは「仁」と似ています。

この「礼」は長い年月をかけて洗練され、それを知っていることが教養であるとされました。美しく優雅で無駄のない身のこなしは一つの理想と考えられたのです。

「国民がみな一様に礼儀正しいのは武士道の賜物《たまもの》である」（第一六章）

「礼」は日本で独自の進化をとげ、修練を積めば、精神が鍛えられるだけでなく、肉体を制御できるとまで考えられました。威厳にみちた立ち居振る舞いは邪心を寄せつけず、日本の武道で「礼」が重視されるのはこのためでしょう。

「礼」の精神性をある種の境地にまで高めたのは茶道です。稲造はこれを「儀式以上のものであり、芸術または詩でもある（第六章）」とか「精神修業の実践方式（同）」と書いています。茶道は、命のやりとりが盛んに行なわれた戦国時代に大成されたといいます。武人、特に大名は競ってこの道に心の平静を求めました。当時「茶の湯」は、サムライのたしなみであったのです。

明治時代の思想家・岡倉天心は、自著『茶の本』で「茶道は日常生活の俗事の中にある美しきものを崇拝することに基づく一種の儀式」だとしています。

この「礼」に関し、稲造は二つの「ひどくおかしな」事例をあげています。

一つめは、炎天下でのこと。日傘《ひがさ》を差した人が顔見知りの人と話をし始めた時、わざわざその相手に合わせて自分の日傘を下ろしたというのです。外国人がこれを見て不思議に思ったというのですが、日本人は自分だけ安楽を享受《きょうじゅ》するのが苦痛なのです。いわば、相手への思いやりでしょう。これが「礼」です。

もう一つは、日本人が贈り物をする際、「つまらないものですが」と言うその気遣《づか》いです。相手のために良いものを選んだはずなのに、それを言いません。外国人は「なぜつまらないものを贈るのか」と変に思います。しかし日本人にしてみると、「どんなに気を遣った物でも、選んだのはこのつまらない私です。あなたのような高貴な方が満足すると思うのはかえって失礼にあたります」というように、相手への敬意が一段階ひねってあるのです。日本人は自分がする気遣いをできるだけ軽くし、相手に恩にならないよう気を使います。これが日本人の心配りです。

稲造は次のように説明しています。

「礼とは、忍耐強く、親切で、妬《ねた》まず、誇らず、高ぶらず、不作法をせず、欲を求めず、流されず、苛立《いらだ》たず、邪心を抱《いだ》かないものである、と言える」（第一六章）

つまりは、「わきまえる心」なのです。

誠は「まことの心」

「まこと」とは真実。いつわりのない純粋な心をいいます。

「ウソやごまかしは、いずれも卑怯《ひきょう》と見なされた」（第七章）

この徳目は誰にとっても当たり前のことのようですが、サムライはことのほか、この「誠」を大事にしたのです。日本人は卑怯なことを「汚い」といいます。

「武士に二言はない」という言葉を知っているでしょうか。一度言った言葉は後から変えない、つまり二度目の言葉はないという意味です。

「本物のサムライは『誠』を命より重く見ていたので、（ウソをつかないという）誓《ちか》いを立てるだけでも不名誉なことと考えていた」（第七章）

あまりに当たり前のことで、誓いを立てるまでもないということです。よって、よほどのことがない限り、約束を守るという証文さえ不要だと考えられました。

西洋では、もめ事の解決については審判とか裁判という方向へ進みました。対して日本では、この「誠」があれば真実は一つなのだから争いにはならない、といった考えをしたようです。ウソをつく者は仲間とみなさなかったのです。第一章にあった「子供じみた」「フェア・プレイの精神」とはこのことなのでしょう。

「誠」については、東郷平八郎の作と伝えられる「五省」の最初に出てきます。

一、至誠にもとるなかりしか
一、言行に恥づるなかりしか
一、気力に欠くるなかりしか
一、努力に憾《うら》みなかりしか
一、不精《ぶしょう》にわたるなかりしか

至誠は「この上ない誠の心」、憾みは「後から残念に思う気持ち」、不精は不潔、というよりは「面倒くさがって手を抜くこと」です。この五省、武士道の心と言っていいでしょう。

この「誠」については、誰もウソをつかず正直であれば何も問題は生じないのですが、注意すべきは、日本語の「ウソ」には二種類があるということです。「死んでもウソはつかない」の「ウソ」は「虚偽《きょぎ》」のことですが、「ホントかウソか」という場合の「ウソ」は、「事実ではない」という意味です。このどちらをも日本人は「ウソ」と表現します。

サムライはこの「誠」のため、金勘定《かんじょう》を嫌《きら》いました。金のために節義を曲げたり、人を裏切ったり、ワイロが横行するような美しくない例をいろいろと見てきたのでしょう。武士道はゼニカネの問題ではありません。「清貧」を重んじます。

「武士道は金銭から生じるあらゆる悪徳から免《まぬが》れた」（第一〇章）
「武士道は無償、無報酬で行なわれる実践のみを信じた」（同）

これは、儒教が商売を卑《いや》しいことだと教えたためであろうと思われます。このことは今の日本にも残っており、高価な物の値段を聞く時に「いやしい話ですが…」

などと前置きをすることでもわかります。

稲造はこう書いています。


「世の中のすべての職業のうちで、商売ほどサムライとかけ離れたものはなかった。商業は士農工商の身分制度の一番下に位置づけられていた」（第七章）

なぜ商業が卑しかというと、掛け値をするからでしょう。日本人は外国で買い物をするなら「半分に値切れ」とよく言われます。例えば、売り手は千円で売れればいいと思いながらも値段を聞かれると「二千円」と言ったりします。これが成功すると、そう言っただけで差し引き千円がもうかるからです。むろん商売で適正な利益を見込むのは悪いことではありませんが、「適正」かどうか、買い手にはわかりません。このように、商売には「誠」が感じられないというのでしょう。

一方、日本では「掛け値」がありません。というか、なくなったのです。

日本には、江戸時代にはこの「掛け値」があって、物を買うにも売り手と買い手の駆け引きが大変でした。もちろん高価な品物の場合ですが、たとえば呉服を買う時など、商品知識のある者が出掛けて行って半日もかかったりしました。これを見ていた三井八郎右衛門高利《たかとし》という人が、江戸に開いた越後屋という呉服店で、「現銀掛け値なし」の新商売を始めました。延宝元年（一六七三）のことです。掛け値なしの正札を附ける代わりに、ツケのきかない現金（銀）取り引きとしたのです。これが「小僧を使いに出せる」と評判になり、店は大繁盛。他店も追随《ついずい》し、日本から掛け値がなくなったのです。この店が今の三越です。三井の越後屋だからです。

もう一人の立て役者は渋沢栄一で、彼は日本に商売道徳を持ち込みました。

明治の新時代、日本には旧来の考え方が残り、商売には他人に損をさせても自分が儲《もう》ければいいといった良からぬイメージがありました。彼は「仁義道徳と生産福利は共に進むべきもの」という「道徳経済合一説」を唱え、「武士道は、ただに儒者とか武士とかいう側の人々においてのみ行われるものではなく、文明国における商工業者の拠《よ》りてもって立つべき道もここに存在することと考える」と自著『論語と算盤』に書いています。こうした論語の精神で、誰からも奪わず、誰のためにもなる、そんな商売ができると信じ実践していったのです。これが商業における「誠」です。渋沢栄一は五百を越える会社や銀行、経済団体を設立し、「日本実業界の父」と呼ばれました。福沢諭吉は彼のことを「日本の経済近代化の最大功労者」と評しています。晩年は社会事業に尽《つ》くしました。

名は「気高き心」

「名」とは名誉のことで、自分の尊厳と価値についてはっきりと自覚することです。「名誉心」は人間として最も大切なもので、これがなければ「禽獣《きんじゅう》に等しい」とされました。「禽獣」とは、家で飼っている鳥や動物のことです。人と禽獣の違いは、道徳を身に付けているかどうかです。欲と本能で生き、後先を考えない行動を取ることは許されません。人は禽獣ではないからです。

サムライは小さいころから恥を知るように教育されました。

「笑われるぞ、名を汚すなよ、恥ずかしくないのかといった言葉は、過《あやま》ちを犯した少年の振る舞いを正す最後の訴えであった」（第八章）

名誉心は、自尊心と言い換えても的外れではないでしょう。「恥を知れ」とは、「おまえに自尊心があるのか」と聞いているのと同じことです。「名」とは結局、

「恥を知ること」なのです。

稲造は日本人の「名誉」の感覚について、こう書いています。

「（英国の旅行家）ヘンリー・ノーマンは極東諸国について研究・観察した結果、日本が他の東洋専制諸国と異なる唯一の点は、『人類が考え出した最も厳格で、高尚かつ規則正しい名誉の掟が国民に支配的な影響力を及ぼしている』ことにある、と述べた」（第一六章）

はじめに書いたように、稲造はヨーロッパに留学していた時、西洋では神に命じられて道徳が行なわれると聞きました。では日本は、というと、恥を知る気持ち、つまり名誉心が自らを律して道徳が成り立っているということに気付いたのです。

「名誉は、たとえそれがただの見栄《みえ》や世間の評判にすぎないようなものであっても、この世の最高善として尊ばれた。それゆえ、若いサムライが追求しなければならない目標は、知識や富ではなく、名誉を得ることであった」（第八章）

「もし、名誉と名声が得られるのであれば、サムライにとって命は安いものだと思

われた」（第八章）

サムライは名誉を汚されると、命をかけて恥を雪《すす》ごうとしました。「雪辱」とは辱《はずか》しめを雪ぐことです。

「多くのサムライは侮辱《ぶじょく》に対してただちに怒り、死をもって報復した」（第八章）

「命より大事だと思われる事態が起これば、彼らはいつでも静かに、その場で一命を棄《す》てることもためらわなかったのである」（同）

そのため、無用の殺生《せっしょう》が行なわれたこともありましたが、そうしたことを防ぐため、サムライには忍耐と自制心が求められたのです。

次は稲造が第八章に引用した、武士に自制を求める言葉（一部補足あり）です。

「人の一生は重荷を負うて遠き道を行くがごとし。急ぐべからず。不自由を常と思えば不足なし。心に望み起らば困窮したる時を思い出すべし。堪忍《かんにん》は無事長久の基《もとい》。怒りは敵と思え。勝つことばかり知りて負くる事を知らざれば害その身に至る。己《おのれ》

を責めて人を責むるな。及ばざるは過ぎたるよりまされり」（徳川家康）
「人の誣《し》うるに逆らわず、己が信ならざるを思え」（小河立所）
「己れを尽くし人を咎《とが》めず、我が誠の足らざるを尋《たず》ぬべし」（西郷南洲）

武士道は「名こそ惜しけれ」とか「武士の一分《いちぶん》」という言葉で名誉の大切さを教えています。「一分」とは「自尊心のため譲れない一線」という意味です。

忠は「つくす心」

「忠」は目上、それも主君につくす心をいいます。
稲造は次のように書いています。
「日本人以上に忠実で愛国的な国民がほかにあるだろうか」（第一六章）
しかし、この「忠」が、残念なことに個人を重んじる現代では評判が悪いのです。

特に戦争中、国家に忠誠を誓わされて戦地に駆り出され、「臣民」として自分の命を捧《ささ》げる道徳的根拠として使われたからです。「忠国」とか「忠君」という言葉もありました。「忠」は「忠義」ともいわれます。

『武士道』の第九章にはこうあります。

「武士道では、…個人より国家が先に存在すると考えた。つまり個人は国家を担うための構成員として生まれたと見ている。だからこそ個人は国家のため、あるいはその合法的権威のために生き、かつ死なねばならぬと考えたのである」

武士道は封建時代の産物です。封建制度とは、主君が家臣に土地を与え、家臣はその見返りに恩義で応えるという関係が成立していた世の中の仕組みをいいます。日本では江戸時代までがこの封建時代でした。

「武士道を生み育てた社会体制はすでに失なわれて久しいが、かつて存在したものの今では失なわれたあの遥《はる》か彼方の星がいまだに我々に光を降り注いでいるように、封建制の所産であった武士道の光は、その母体である封建制度よりも長く生き延び、

人倫の道のありようを照らし続けているのだ」（第一章）

もし武士道の「忠」が問題なら、それは封建時代の道徳をそのまま現代に持ち込もうとするからではないでしょうか。

稲造はむろん武士道を肯定的にとらえています。その道徳的価値は否定できません。しかし、そこには、「義」の認定問題と同様、負の側面があることも事実です。主従の関係はどの時代にも存在しますが、人倫といえるかどうかの問題です。

「武士道は、我々の良心が主君の奴隷《どれい》になることを求めなかった」（第九章）

稲造は「滅私奉公」を全面的に認めているわけではありません。彼はこのあと、主君が誤っていたときは自らの血をもって諫《いさ》め、その良心に訴えることだと書いています。

この「忠」については、宮沢賢治「雨ニモマケズ」の「アラユルコトヲ　ジブンヲカンジョウニ入レズニ」が好例でしょう。あくまで「公」に尽くすという考えであり、利他の精神です。賢治は稲造と同じ岩手県（旧南部藩）の出身でした。

克己《こっき》は「くじけぬ心」

「克」は「克服」の「克」で「打ち勝つ」の意味。「己」は「おのれ」で「自分」のことですから、「克己」とは「自分に勝つ」ことです。感情的になることを抑え、甘えに負けないよう、自分に厳しく当たる姿勢が克己なのです。

この「自制心」について、稲造は自著『修養』の中でこう書いています。

「抑制せなければ、本能発揮の名の下《もと》に人はその好きなことをなせ、勝手に振る舞うがよいということになり、獣欲は自然の性質であるからこれを発揮すべしといって、いわゆる自然主義に陥り、己の欲するところに随《したが》って矩《のり》を踰《こ》え、云《い》うべからざる害毒を流すこともある。ゆえに抑制は多少の注意を要することあるも、年若の頃に修養し行うべきことである」

人は「禽獣にあらず」というのが「日本の精神」でした。自然主義とか個人主義というのは、その美名の反面、「身勝手」や「放縦《ほうじゅう》」に流れるおそれがあると稲造は指摘しているのです。「矩を踰えず」とは、「本分をわきまえること」です。

スポーツの試合で日本人はよく「負けるな」と声をかけます。これを聞いた外国人はいかにも弱気で頼りない印象を受けるようです。ただ単に相手に負けないことだけを願っていると感じられるというのです。

しかし、日本人のこの応援の主旨は逆説にあり、「自分の弱さに負けるな！」と勇気を鼓舞し、不屈の精神を呼び起こそうとしているのです。

稲造はこの「克己」について、次のように書いています。

「武士道は、一方においては不平不満を言わない忍耐と不屈の精神を養《やしな》い、他方においては他者の楽しみや平穏を損《そこ》なわないために自分の苦しみや悲しみを外面に表わさないという礼を重んじた」（第一一章）

「サムライにとって、すぐに感情を顔に出すのは男らしくないとされた」（同）

「日本人は、いかなる激情にかられることがあっても、穏《おだ》やかな振る舞いや平静な心が乱されてはならない」（同）

稲造はこれに続き、ある連隊が日清戦争に出征するため、町を離れた時のことを記しています。

「その日、駅には隊長や兵士たちを見送るための大勢の人が集まっていた。この場に駆けつけていたアメリカ人は、さぞや別れの情景は騒々しいものになるだろうと想像していたはずである。事実、日本中が初めての対外戦争ということもあって興奮状態にあったし、群集の中には兵士の両親や妻や恋人もいたからである。だが、このアメリカ人は予想がはずれてがっかりした。なぜなら、発車の合図の汽笛が鳴り、列車が動き出すと、何千人もの人々は静かに帽子をとって、うやうやしく頭を垂《た》れて挨拶《あいさつ》をしたに過ぎなかったからだ。ハンカチを振る人もなく、言葉を発する者もなく、静寂の中をとぎれとぎれに聞こえてくる、かすかなすすり泣きがあっただけだったからだ」（第一一章）

これが日本の武士道精神のなせるところだと稲造は述べています。

なぜ泣き叫ぶ人がいないのか。なぜ感情の爆発がないのか。どうして冷静でいられるのか。日本人の神経は冷たいのか、というと、そうではありません。

「私個人としては、日本人は非常に激しやすく感じやすいために、常に自制を意識し、強制する必要があったからだと思う」（第一一章）

「克己の理想とは、常に心を平静に保つことである」（同）

この日本人の感情を抑える振る舞いについては、芥川龍之介の『手巾《はんけち》』という短編小説にテーマとして掲げられています。いかにも新渡戸稲造といった人物が登場し、「日本の女の武士道」が語られます。その中で、主人公の女性が懸命に悲しみをこらえようとしながら、それでも微笑《ほほえ》みを見せようとする場面があります。

稲造は『武士道』に、こう書きました。

「日本人にとっての笑いは、逆境によって乱された心の平静を取り戻そうとする努力をうまく隠す役目を果たしているのである」（第一一章）

「克己の理想」（第一一章）に関し、二〇一一年の東日本大震災の際、日本人の行動が世界を驚かせたことがありました。空前の大災害が起って社会が混乱していながら日本では略奪も暴動も起きなかったのです。被災者たちは過酷な運命に耐えながらも冷静に行動し、静かに救援物資をもらうために列を作って待ちました。

これは日本人が「克己」の精神を持っているからでしょう。

「負けないぞ」という強い気持ちが苦境を乗り切る原動力になっていたのではないでしょうか。不平不満を言わない忍耐と不屈の精神は、武士道が作り出したものと言って過言ではありません。

稲造は「克己」を「身を修むること」とし、『修養』の中で次のように記しています。

「自ら省みて屑《いさぎよ》しとし、いかに貧乏しても心の中には満足し、いかに誹謗《ひぼう》を受けても自ら楽しみ、いかに逆境に陥ってもその中に幸福を感じ、感謝の念をもって世を渡ろうとする、それが僕のここに説かんとする修養法の目的である」

彼が説く武士道とは、一種の「悟り」あるいは「境地」と言っていいのかもしれません。決して争いに勝つことだけを目的としているものではないのです。これが「日本の精神」です。

書けなかった「孝」

以上、八つの徳目を見てきましたが、稲造が本の中で掲げたのは七つだという人もいます。それは、「忠」のあとには「サムライの教育と訓練」という章が続き、「克己」はそのあとに来るからです。よって、これは徳目というよりは、武士がその職分を果たすため自らに課した「生き方」と見るべきかもしれません。ただ、武士が良しとした「克己」が日本人の国民性に大きく影響したことをかんがみ、この本では八つ目の徳目に入れました。

さて、稲造にはこの八つのほかにもう一つ、徳目として紹介したかったものがありました。

明治三八年（一九〇五）の一月に、『武士道』の増補第一〇版が出ていますが、その序文に、彼はこう記しています。

「今回の改訂版にあたって、私は主として具体例の追加にとどめた。「孝」について一章を追加できなかったのは残念である。「孝」は「忠」と並んで、日本道徳の車の両輪の一つと考えられるからである。「孝」についての一章を私が書きにくかったのは、「孝」に対する日本人の態度を私が知らないからというよりは、むしろ、特にこの徳目に対する西洋人の感じ方を私が知らないからであって、それゆえ私は納得のゆく比較をすることができないのである。いつか、この「孝」や他の問題について増補することができればと願っている」

「孝」とは、「親孝行」という言葉でわかるように、「親につくす気持ち」のことです。「主君につくす気持ち」である「忠」と対《つい》になって使われることが多く、「忠ならんと欲すれば孝ならず、孝ならんと欲すれば忠ならず」という言葉（頼山《らいさん》陽《よう》『日本外史』）があるほどです。

一般に、中国や韓国では「孝」を重視し、日本では「忠臣蔵」がよく知られているように、「忠」を重んじる傾向があると言われています。

結局、稲造はついに『武士道』の増補をすることができませんでしたが、もしかすると、この「孝」はもとより、「他の問題」においても、知られざる武士道の一面が描かれていたかもしれません。

武士道の弱点

『武士道』について、批判的な意見を言う人もいます。「床《とこ》の間付の部屋を外国人に紹介したものだ」とか、「ショーウインドウに飾った五月人形のようだ」といったものです。この『武士道』を書くきっかけが「日本では道徳教育がどのようになされているか」であったことから、どうしても「よそゆき」になってしまうのも道理です。

掲げられた徳目はすべて理想であり目標です。稲造が「二百万人」（第一四章）と規定したサムライ全員がひとつの例外もなく道徳の達人だった訳ではありませんし、武士道が何にもまして全能であったとも言えません。

第一六章に稲造はこう書いています。

「私たち日本人の欠点や短所もまた、大いに武士道に責任があると認めざるを得ない。たとえば、すでにわが国の若い人の中には、科学分野で国際的な名声を得ている人がいるものの、深遠な哲学の分野では誰もまだ偉業を達成していない。この原因は、武士道の訓育において形而上学《けいじじょう》的な思考訓練がおろそかにされていたからである」

このほか、おそらく次のような欠点が認められるでしょう。

・学問といえば、ともかく道徳のことばかりであった。
・サムライは清貧を自慢にするくらいで、商工業の発展が遅れた。
・武士の世は世襲制であり、家系や門閥《もんばつ》によって人材を登用していた。
・主君や年長者の決定に反論することなく従い、民主主義が育たなかった。
・前例やしきたりを重んじ、創造的思考に欠けていた。
・合従連衡《がっしょうれんこう》や根回しなどを嫌い、世渡りがうまくできないことがあった。
・弁論、言論が発展しなかった。言い訳じみた弁舌を卑《いや》しんだ。
・見苦しい振る舞いを嫌い、あっさりと身を引く傾向があった。
・自分が責めを負うことで問題の収拾がはかれるならそれでいいとする、誤った自己犠牲の精神があった。

これらは、武士道の特性というよりは、むしろ封建時代に見られる価値観または風潮だと解釈した方がいいのかもしれません。

稲造は武士道の弱点について、次のように指摘しています。

「日本人の過度に感じやすく激しやすい性質についても、私たちの名誉心にその責任がある。外国人がよく指摘する『日本人は尊大な自負心を持っている』という言葉も、名誉心の病的な行き過ぎによるものである」（第一六章）

稲造は「日本人の過度に激しやすい性質」を容認し、「名誉心の病的な行き過ぎ」から派生する事態または結果について寛大なようです。日本だけは特別だという優越感あるいは「尊大な自負心」のようなものが他国を低く見る意識につながり警戒されたという可能性は否定できません。特にこれは明治に入ってから顕著《けんちょ》になったものと思われます。

稲造はこう記しています。

「ある意味では、私たち日本人はほかの民族よりもはるかに多くの、まさに何倍も物事に感じやすい性質を持っていると私は確信している」（第一一章）

「感じやすい性質」とは「頭に血が上る」ということなのでしょう。「行き過ぎた名誉心」が刺激されると、引き下がれなくなる欠点があったのでしょう。

稲造は「武士道の究極の理想は平和である」（第一三章）と書いていますが、一方では、日本人が「尊大な自負心」を持っているがために本意《ほい》なく他国から警戒され、ついには討つべき対象と目されるまでになったということなのでしょう。

サムライの名誉心は、たとえば次のような記述にも見てとれます。

「鴨緑江《おうりょくこう》（註＝中朝国境の川）で、あるいは朝鮮や満洲で勝利を勝ち取ったのは、私たちを導き、心を励ました祖先の武士道の霊魂があったからだ」（第一七章）

『武士道』が書かれたのは日清戦争のすぐ後でした。

もしかすると、武士道の最大の欠点は、「過度に感じやすく激しやすい」名誉心なのかもしれません。戦士という出自《しゅつじ》がもたらした性《さが》なのでしょう。

第三章　サムライたちの生き方

赤穂浪士の忠義

毎年一二月になると「師走《しわす》」という言葉がよく聞かれるのと同時に、まるで年中行事と言ってもいいくらい、二つのことが話題に上ります。一つはベートーベンの第九交響曲であり、もう一つは仇討《あだう》ちで知られる忠臣蔵です。特に後者は日本人の琴線に触れる、忘れられない一事件といっていいでしょう。歴史の教科書に出て来ることはまずありませんが、そうしたこと以上に、日本人の心性を掻《か》き立ててやまないのです。

今まで数え切れないほど芝居や小説、映画などになってきましたが、これは作り話ではなく史実です。

ことは元禄《げんろく》一四年（一七〇一）三月一四日、江戸城内で起きた刃傷《にんじょう》事件に始まります。今から三百年以上も前のことです。

当時、播磨《はりま》の国（今の兵庫県）通称播州《ばんしゅう》に、石高《こく》にして五万石の赤穂藩《あこう》がありました。事件のころ、藩主の浅野内匠頭《たくみのかみ》は江戸に出府していて、勅使饗応役《ちょくしきょうおう》を仰《おお》せつかっていました。勅使とは「天皇の使い」のことで、その使いをもてなす役目だったのですが、その際必要な特別なしきたりについてよく知らなかったため、経験豊富な吉良上野介《きらこうずけのすけ》に尋ねたらしいのです。おそらくそこで何か原因になるようなことがあったのだろうと言われています。教えてもらうためのワイロが足りなかったとか、田舎者などと侮辱されたため、あるいは乱心を起こしたなど諸説がありますが、詳しくはわかっていません。

その浅野内匠頭が殿中の松の廊下というところで、吉良上野介に向かって刀を抜いて切り付けたというのがその事件です。殿中とは「将軍のいる御殿の中」という意味で、刀を抜くこと自体が御法度《はっと》でした。まして人に切り付け流血の沙汰《さた》となったからには、ただでは済みません。武士は刀の扱いについては、人を殺《あや》めることができる武器だけに、節度が求められていました。

「武士道では刀の正しい使い方を重視するとともに、その誤った使用には厳しい非

難を向け、嫌悪した。必要もないのに刀を振り回す者は卑怯者とか虚勢を張る者とされ、蔑《さげす》まれた」（第一三章）

もちろん当時三五歳だった浅野はこのことを知っていましたが、それでも我慢がならなかったということでしょう。

記録によれば、「この間の遺恨《いこん》、おぼえたるか」という言葉を内匠頭は投げ付け、刀を振るって吉良の額《ひたい》と背中に傷を負わせたものの、なんとか相手は一命は取り留《と》めたのでした。当時、武士がいったん刀を抜いたからには相手を殺すか自分が死ぬか、二つに一つだったようです。

近くにいて咄嗟《とっさ》に組み止めた梶川与惣兵衛《かじかわよそべえ》は、浅野の言葉をこう記しています。

「上野介事、この間中意趣《いしゅ》これあり候故、殿中と申し、今日の事かたぐ〳〵恐れ入り候《そうら》へども、是非《ぜひ》に及び申さず打果し候」

「意趣」とは「恨みごと」のことです。

浅野内匠頭は即日、切腹を命じられましたが、それに際し、次のような辞世の歌を残したとされます。

「風さそふ花よりも猶《なお》我ハまた　春の名残《なごり》をいかにとかせん」

当日は今の暦では四月二一日で、桜が散り急いでいたと思われます。この歌は、「風に吹かれて散ってしまう花よりも早くこの世を去る私は、春の名残り惜しさをどうすればいいのだろうか」という意味でしょう。武士は最期《さいご》に臨んで辞世の歌や句を残すのが作法であり、美学でした。

切腹したのは午後六時を回っていたといいます。旧暦一四日ですので、ほぼ満月の月が出ていたようです。当日夜、「月は昼の如く」であったと記録にありますが、今の暦で四月二一日であれば、桜は満開を過ぎていたでしょう。ただし、現在全国で隆盛を極めているソメイヨシノは明治時代に入ってから流行した新品種なので、「花」は、山桜か何かではないかと思われます。

刃傷事件が発生するや、赤穂藩の江戸屋敷では、この一大事を国許《くにもと》に一刻も早く伝えなければならないと考え、急使を派遣しました。

江戸―赤穂間は距離にして一五五里（約六二〇キロ）。通常はおよそ二〇日もかかるような路程ですが、この使者は早駕籠《かご》を乗り継いで昼夜兼行し、四日目（四月一八日）の午前五時、半死半生になって赤穂に到着。事件の第一報を伝えました。城内は騒然とします。殿中で刃傷沙汰となれば改易《かいえき》（藩の取り潰《つぶ》し）は免《まぬが》れません。いったいそれは事実なのか、相手の吉良のお命は……などと評議しているところに第二報、第三報が続きました。

赤穂では、改易やむなしという見込みと同時に、吉良の存命、しかも結局お咎《とが》めなしとなった幕府の判断に不満を抱き、城を枕に討ち死にも辞さずといった過激な意見も出ました。しかし、城代家老の大石内蔵助《くらのすけ》は彼らをなだめ、お家の再興を第一に考え力を尽くしますが、それも叶《かな》わず、ついに吉良邸に討ち入りをし、亡き殿の無念を果たすことにしました。主君はお家の存続を賭《か》けても敵《かたき》を討とうとしたのです。殿の無念を晴らさずにはいられません。そしてまた、これは吉良が無罪とされた判決への抗議でもありました。

この事件について、稲造はこう説明しています。

「四十七士の主君（浅野内匠頭）は死罪を宣告されたが、控訴できる高等裁判所がなかった。そこで主君への忠義にあふれた家臣たちは、唯一存在していた最高裁判

所、すなわち復讐の手段に訴えたのである」（第一二章）

その復讐の機会は翌年の一二月一四日にやって来ました。この日、吉良邸では茶会が開かれることになっており、ならば上野介は在宅に違いないと判断できたのです。茶会を開いたとあっては、討つべき相手も隠居《いんきょ》とは申せ、武士のたしなみを心得ていたことがわかります。

この元禄一五年一二月一四日は、西暦では一七〇三年一月三〇日にあたり、月齢は一三でした。この日は月明かりが見込めたのです。

また、芝居では雪が降っていたことになっていますが、実際は前日に降った雪が消え残っていた程度であったようです。

赤穂浪士四七人は表門隊と裏門隊の二手に分かれて吉良邸に討ち入り、最後は台所わきの物置に隠れていた上野介を発見して、これを討ったのです。一番槍《やり》は武林唯七《ただしち》、首を上げたのは間《はざま》十次郎でした。

浪士たちはその後、高輪《たかなわ》の泉岳寺へ向かい、亡き殿の墓前に敵《かたき》の首をささげて仇《あだ》を討ったことを報告しました。

その後、彼らは近くの大名屋敷に身柄を預けられます。肥後熊本の細川家に大石内蔵助以下一七人、伊予松山の松平家に一〇人、長府毛利家に一〇人、三河水野家に九人でした。合計は四六人で一人足りませんが、浪士の中の寺坂吉右衛門という者が泉岳寺に向かう途中で姿を消したのです。討ち入り成功の報告をしに国許に向かったなどと言われています。

浪士の処遇については、幕府内でいろいろ評議されましたが、全員切腹を申し付けられました。元禄一六年二月四日、彼らはそれぞれ身柄が預けられた屋敷においてて自らの命を断ちました。そしてその遺骸は、高輪泉岳寺にある亡き殿の墓の近くに葬られたのです。

その一二日後、早くもこの事件を題材にした「曙曽我夜討《あけぼのそがのようち》」という歌舞伎が上演されました。当時の庶民の娯楽は芝居だったのです。しかし、すぐに上演中止の命令が出されました。実在の事件だけに差しさわりがあったのでしょう。今に伝わる「忠臣蔵」はそれから四七年後に浄瑠璃《じょうるり》として創作され、翌年歌舞伎に仕立てられたものです。それでも、大石内蔵助という名を大星由良之助にするなど、かなり配慮した作りになっています。

この話が今だに日本人の心をとらえて離さないのは、命を投げ出してまで「忠」を果たそうとしたその美しさと潔さからでしょう。自己犠牲の極致でした。

稲造はこう評価しています。

「わが国の大衆教育でよく取り上げられる『忠臣蔵』の武士たちは、俗に『四十七人の義士』として知られている。卑劣な策略が軍事的な戦略として、あるいは真っ赤な嘘が戦術としてまかり通っていた時代に、この率直で正直で男らしい徳は最高に光り輝く宝石であり、日本人が最も高く賞賛する対象であった」（第三章）

「彼ら四十七士の記憶は、泉岳寺にある彼らの墓と同様、現在に至るまでみずみずしい芳香を放ち続けているのだ」（第一二章）

主君の仇を討った赤穂浪士は「義士」と呼ばれ、「忠義」の権化《ごんげ》とたたえられました。「義」つまり「正しい道」に殉《じゅん》じた者と見なされたのですが、同時に、彼ら自身にとっての「名」も見逃すことができません。つまりは、このままでは武士としての「名分」が立たないと自ら判断したため意を決して立ち上がった、ということなのです。「名こそ惜しけれ」といったところではないでしょうか。

なお、忠臣蔵の「蔵」は、宝物をしまっておく場所ということから「鑑《かがみ》」という意味ではないかと考えられます。「鑑」とは「手本」または「模範」のことです。

サムライ、海を渡る

赤穂浪士の討ち入りから一世紀半たった嘉永六年（一八五三）六月、江戸湾の入口に近い浦賀沖に黒船がやって来ます。東インド艦隊司令長官ペリーがアメリカ大統領の親書を携《たずさ》え、開国と通商を求めたのでした。アメリカとしては、捕鯨のための中継基地として、日本の港を開いてほしいとの考えでした。

日本側では対処に苦慮し、結局、翌年ふたたびやって来たペリーと日米和親条約を結びます。そしてその四年後、日米修好通商条約を結びました。こうして二百年以上続いた鎖国は終わりましたが、この条約で問題だったのは治外法権を認めたこと、そして関税自主権がなかったことでした。その後、日本はイギリス、オランダ、ロシア、フランスとも同じような条約を結び、国際社会の仲間入りをしたのでした。江戸時代が終わる一〇年ほど前のことです。

日本が治外法権を認めたということは、つまり外国人が日本国内で事件を起こしても日本側が裁けないということです。また、関税自主権がないということは、相手側は自国に都合よく関税を決めて貿易ができるのに対し、日本はそれができずに搾取《さくしゅ》されるという意味です。不平等な条約で、後の明治政府はこの撤廃に大変な思いをすることになります。当時、日本は文明化されていない劣等国と見なされていたのでした。ただ、欧米の先進国としても、相手国が思いのままに「打ち首、獄門《ごくもん》」といった判決を出すようでは困ります。貿易についても、関税を無分別に変えられても混乱するばかりで、安心して交易ができないといった事情がありました。つまりは、同等の付き合いができる相手とはまだ認められなかったということです。事実、日本ではこのあと攘夷《じょうい》といって、外国人を襲う動きが出てきます。「攘」は「打ち払う」、「夷」は外国人のことです。欧米人の懸念《けねん》は当たっていたのです。

さて、黒船のペリーと条約を結んだ日本でしたが、条約というものは両国の代表が調印すればそれで済むというものではありません。後になってあれは当事者が勝手にやったことにすぎない、などと言われて撤回されても困るからです。そのため、批准《ひじゅん》という手続きが必要で、両国が国会などで正当な手続きを経て承認した上、それを確認し合うということが国際社会では求められるのです。

日本では、日米修好通商条約の批准書の交換のため、代表がアメリカに行くことになりました。とはいえ、慶長一四年（一六〇九）以来、長らく海外渡航が禁じられ、五百石積《づみ》以上の船は建造することさえ許されていなかったという事情がありました。アメリカはこの点を考慮し、ポーハタン号という軍艦を差し回して日本の使節を乗せる手筈《はず》を整えていました。相当の気遣《づか》いでしたが、日本側ではこれに奮起し、使節の乗る軍艦に先行して自力で太平洋を越えようとしたのです。この件は「幕議一決」ということで、オランダから購入していた咸臨《かんりん》丸という軍艦を使い、艦長は木村摂津守《せっつのかみ》。指揮官は勝海舟、通訳はジョン万次郎という顔ぶれで、総勢は九六名。後に『学問のすゝめ』を書いた福沢諭吉も同行しました。福沢は天保五年（一八三五）、中津藩（現在の大分県）の下級藩士の子として生まれています。

咸臨丸の一行は安政七年（一八六〇）一月一三日に浦賀を出港。三七日かかって、二月二二日にサンフランシスコに到着しました。途中、ハワイに寄らず直行しましたが、連日の雨で海は荒れ、大変な航海だったようです。勝海舟は終始船酔いで自室から外に出なかったといいます。

福沢諭吉は『福翁《ふくおう》自伝』にこう記しました。

「しかしこの航海については、大いに日本のために誇ることがある、というのは、そもそも日本の人が初めて蒸気船なるものを見たのは嘉永六年、航海を学び始めたのは安政二年のことで、安政二年に長崎においてオランダ人から伝習したのがそも〳〵事の始まりで、その業《ぎょう》成って外国に船を乗り出そうということを決したのは安政六年の冬。すなわち目に蒸気船を見てから足掛け七年目、航海術の伝習を始めてから五年目にして、それで万延元年（安政七年）の正月に出帆しようというその時、少しも他人の手を借らずに出掛けて行こうと決断したその勇気といいその技倆《ぎりょう》といい、これだけは日本国の名誉として、世界に誇るに足るべき事実だろうと思う」

一行はサンフランシスコの市長に迎えられ、カリフォルニア州知事も来て歓迎の挨拶《あいさつ》をしたほか、晩餐《ばんさん》会も開かれました。自伝によれば、諭吉はシャンパンの栓《せん》を開ける音に驚き、出された小豚の丸煮を見て「まるで安達《あだち》ヶ原に行ったような訳《わ》けだ」と思ったほどでした。同地では、日本人が魚を好むと聞いて用意し、風呂好きと知って毎日立ててくれたそうです。長い航海で傷んだ船の修理代も無料でした。

「サアどうも彼方《あっち》の人の歓迎というものは、ソレは〳〵実に至れり尽くせり、この上のしようがないというほどの歓迎。アメリカ人の身になってみれば、アメリカ人が日本に来て初めて国を開いたというその日本人が、ペルリの日本行より八年目に自分の国に航海して来たという訳《わ》けであるから、丁度自分の学校から出た生徒が実業について自分と同じことをすると同様。乃公《おれ》がその端緒《たんしょ》を開いたと言わぬばかりの心地《ココロモチ》であったに違いない」　――『同』

一方、生使の新見正興《しんみまさおき》を乗せたポーハタン号は、途中ハワイに寄港し、遅れて三月二九日、サンフランシスコに到着しました。やはり、大変な歓迎でした。正使一行はこの地に数日滞在した後、パナマから地峡を越えて大西洋へ。そして船で首都のワシントンへ行き、ブキャナン大統領に謁見《えっけん》。条約の批准書を届けるという大任を果たしました。

彼らはニューヨークにも行き、ブロードウェイでパレードをしています。アメリカの詩人ホイットマンは、詩集『草の葉』に「ブロードウェーの華麗な行列」と題して、こう書きました。

「西の海を越え、はるか日本からやって来た
頬《ほほ》が日に焼け、二本の刀を携えた礼儀正しい使節たち
無蓋《がい》の馬車に身をゆだね、無帽のまま動ずることもなく

きょうマンハッタンの街をゆく」

サムライの国から来た使節の「礼」を、アメリカ人も感じたということでしょう。風俗、習慣は違うものの、海の向こうの未知の国からやってきた彼らに、節度や誇り高さ、そして洗練された文化を見て取ったようです。

正使の一行は五月一三日に同国を発ち、喜望峰を回ってジャワ・香港を経由、九月二七日に品川に到着しています。つまり、地球一周を果たしたのでした。

稲造は自著『日米関係史』の第五章「アメリカにおける日本人」の中で、先行した咸臨丸の艦長・木村摂津守から受け取った手紙を紹介しています。

「アメリカ人の親切心あふれる国民性ほど私の心を打つものはなかった。私はわが国の政府が行なった外国人に対する仕打ちを知っていただけに、アメリカ人から同様な仕返しを受けるものと覚悟していた。しかし驚いたことに、アメリカ中のどこへ行っても、誰もが愛想よく親切で友好的な握手をしてくれたし、子供たちが私に花束を持って来てくれた。私は、日本人がアメリカ人を扱った方法と、アメリカ人がわれわれを扱ってくれた方法の対照的な違いを考えるたびに、赤面し、恥ずかしく思った」

「わが国の政府が行なった外国人に対する仕打ち」とは、開国を拒んだことでしょう。天保八年（一八三七）、日本人の漂流民を送り届けるとともに貿易開始の交渉をしようとしたアメリカのモリソン号を幕府は無下《むげ》に追い払ったのです。また、その十年ほど後にはアメリカのビッドルが公式に開国を求めましたが、幕府はこれを拒否しました。

日本の沿岸に外国船が出没するようになったのは一九世紀に入ったころからでした。ロシア、イギリスの船が食料や水、薪《たきぎ》を求めて上陸したりするようになったのです。これに対し幕府は厳しく対処し、文政八年（一八二五）に異国船打払令を出して撃退するように命じました。しかし、天保一三年（一八四二）には外国船に薪《しん》水《すい》を給与するよう方針が改められています。おそらくこれは、その二年前にアヘン戦争が起こり、清国（中国）がイギリスに惨敗して屈辱的な条約を結ばされたことを知ったからでしょう。こうした中での黒船来航だったのです。

日本は、欧米列強の侵略から独立を保つことができるのか。これが当時の人々の最大関心事でした。鎖国をしながら外国勢力を打ち払うという「攘夷」がいいのか。

それとも他国と交流しながら列強に引けを取らない国力をつけていく「開国」がいいのか。国論は二分され、「尊皇（天皇を崇拝する）」か「佐幕《さばく》（幕府を守る）」かの考えも交じって、世情は複雑な様相を呈してきました。これが幕末維新の難しいところで、結局は「尊皇開国」ということになったのです。

日米条約が結ばれ批准されてしまえば何だったのかと思われますが、幕末の志士たちの至情と行動力を忘れるわけにはいきません。特に、明治四年（一八七一）の廃藩置県で、武士の世を終わらせたのがその武士であったということが、日本という国の特性といっていいでしょう。時代遅れとなった封建制度を葬《ほうむ》り、独立を全うさせるという大義のため、サムライは自己犠牲も厭《いと》わなかったのです。

幕末の戊辰《ぼしん》戦争に勝った新政府がこの近代化革命を成功させたのですが、この革命の特徴は旧制度の首魁《しゅかい》であった徳川慶喜の首を取らなかったことです。

そして、この大変革を成し遂げた考えが「大政奉還」という奥の手でした。つまり、日本最初の武士政権である鎌倉幕府を開いた源頼朝が朝廷から征夷大将軍という允許《いんきょ》を得て政治の実権を握ったことを鑑《かんが》み、今度はその逆に、政治の実権を天皇に返還するという形で事の収拾をはかったのでした。六百年以上を隔てた始末のつけ方です。このアイディアは前土佐藩の藩主・山内容堂と後藤象二郎という人物によって建白されたことになっていますが、実は坂本竜馬の発案だったようです。

こうして日本の近代化革命は達成されたのでした。これこそ忠国であり、武士が武士であることをやめてまで国を救った「ノーブレス・オブリージュ」だったといえるのではないでしょうか。

稲造は『武士道』の第一六章に、こう書いています。


「日本が外国貿易を開放し、生活のあらゆる部分に最新の改良を取り入れ、西洋の政治や科学を学び始めたとき、私たち日本人を駆り立てた原動力は、決して物的資源の開発や富の増大ではなかった」

「日本に変化をもたらした行動力の源泉は、日本人自身の内なる力であった」

「劣等国として見下されることに耐えられない名誉心、これが改革に向かわせた最大の動機であった」

「よきにつけ悪しきにつけ私たちを駆り立てたものは、純粋で単純な武士道精神そのものであった」

「近代日本を建設した人々の伝記をひもといてみるがよい。佐久間象山、西郷隆盛、大久保利通、木戸孝允《こういん》、また現存する伊藤博文、大隈重信、板垣退助らがどのようにして偉勲となったのか。それらを読めば、彼らがいかに武士道のサムライ精神に突き動かされたかがわかるだろう」

「王政復古の嵐と、明治維新という大渦の中で、日本という船の舵《かじ》取りをした偉大な政治家たちは、武士道以外の道徳的教えを全く知らない人たちであった」

「近代日本を建設した」維新の偉勲が数名あげられていますが、その多くに非常な影響を与えたのが長州藩の吉田松陰でした。後に総理大臣となった伊藤博文をはじめ、木戸孝允、高杉晋作、山県有朋は彼が開いた松下村塾の塾生です。

吉田松陰はもともと尊皇攘夷を主張していました。しかし、黒船に代表される西洋列強の力の大きさを知り、考えを変えます。

嘉永七年（一八五四）の一月、ふたたびやって来たペリーの軍艦に、松陰は夜陰に紛《まぎ》れて近づき、アメリカへの密航を申し入れます。しかしアメリカ側は、日本の国法を犯した者をかくまえば両国関係に支障が出ると考えてこれを拒否。松陰は自首し、投獄されます。その後、萩の実家で幽閉の身となりましたが、この地で「松下村塾」を開き、維新を担う人材を育てたのです。

吉田松陰は、安政六年（一八五九）、通商条約への反対者を取り締まった「安政の大獄」に連座して処刑されます。

次は松陰が「処刑前夜に詠《よ》んだ」と、稲造が『武士道』（第一六章）で紹介している彼の歌です。稲造はこれを「日本国民の心からの叫びだったといえる」（第一六章）と記しました。

「かくすればかくなるものと知りながら
やむにやまれぬ大和魂」

私心を捨て、己の信念のために行動しようという至情が語られていますが、実はこの歌、アメリカへの渡航に失敗して江戸送りになる途中、赤穂浪士の墓のある高輪泉岳寺の近くを通った時に詠んだもののようです。

彼の辞世の歌はこうです。

「身はたとへ武蔵の野べに朽《く》ちぬとも
留《とど》めおかまし大和魂」

吉田松陰が処刑されたのは安政六年の一〇月でした。西暦でいえば一八五九年です。一方、咸臨丸が出港したのは翌年の一月。わずか三カ月ほどの違いでしかありません。浦賀を出てから三七日後にアメリカで大歓迎されたことを考えれば、これは運命のなせるところとしか言えないでしょう。

稲造は「劣等国として見下されることに耐えられない名誉心」を「改革に向かわせた最大の動機であった」としています。また、「武士道のサムライ精神に突き動かされた」とも書いています。「やむにやまれ」なかったのでしょう。

サンフランシスコに入港した咸臨丸には、日の丸が掲げられていました。

『武士道』を書く

咸臨丸が太平洋を越えてから二年後の文久二年（一八六二）、新渡戸稲造が生まれています。すでに記したように、「稲造」という名は、祖父と父が開拓した三本木原（青森県十和田市）に作られた「稲生川《いなおい》」という人工河川に由来します。

稲造は五歳のとき父が亡くなったため、叔父・太田時敏の養子となり、東京で学業を始めます。この叔父の名が『武士道』の前文にあります。

過去を敬うこと
そして
侍の行ないを
たたえることを
教えてくれた
わが愛する叔父
太田時敏に
この小著を
ささげる

ここでわかるのは、稲造に武士道を教えたのはこの太田時敏だったということです。稲造は兄と共に上京すると、この叔父の庇護《ひご》の下、英語を学び始めます。そして、そののち札幌農学校に進みます。明治一〇年（一八七七）のことでした。あの「少年よ、大志をいだけ」で知られるクラーク博士の離任から数ヶ月おくれて入学した稲造でしたが、間接的にではあれ、博士の薫陶《くんとう》を受けています。彼は同校の第二期生でした。同期には後に『代表的日本人』を書いた宗教家の内村鑑三や、植物学者として大成する宮部金吾などがいました。

この学校は開拓使によって開設されたので名前は農学校ですが、農業分野だけでなく、英文学、心理学、経済学、地誌なども教えられた総合的な高等教育機関でした。原則として授業はすべて英語で行なわれ、演説や討論も重視されました。

在学中、稲造は「イエスを信じる者の契約」に署名しています。サムライはこうして、クリスチャンになったのです。

明治の初め、欧米の進んだ文化を学ぼうとしていた日本人にとって、キリスト教は文明開化を支える重要な担い手だと思われたのかもしれません。江戸時代に禁じられていたキリスト教が解禁（黙認）されたのは、明治六年（一八七三）のことでした。お雇い外国人の手前、認めざるを得なかったのでしょう。

「札幌の学校を卒業したのは十九歳のときで……当時は開拓使時代で、学校を卒業したものは嫌でも応でも五ケ年は同庁に奉職しなければならぬ義務があった……しかし僕は……ぜひ東京へ上り、その上海外に留学し、も少し深く勉強したい念慮が熾《さか》んであって、……奉職の時期を延期してもらいたい……と種々手を尽くして請願したが、規定であるからそんな希望が通るはずなく、僕はいよいよ役人となってしまった。（略）

間もなく開拓使が廃されて、義務奉職の規定が緩《ゆる》くなった。僕はさまざまに運動して、いよいよ東京に出ることになった。当時の嬉《うれ》しさは今になっても思い出される」

――『修養』

稲造は上京すると、第一高等学校を受験します。今の東京大学です。その面接試験のとき、試験官から何を勉強するかと聞かれ、農政学だけでなく英文学もやってみたいと答え、以下、次のような応接があったといいます。

「英文やって何します」僕は笑《わらい》ながら「太平洋の橋になり度《たい》と思ひます」と云《い》ふと、先生独特の軽々しい調子で、少しく冷笑的に「何の事だか私は解らない、何の事です」、其所《そこ》で不得止《やむをえず》説明して、「日本の思想を外国に伝へ、外国の思想を日本に普及する媒酌《ばいしゃく》になり度のです」と述べた。（『帰雁《きがん》の蘆《あし》』による）

これが、世にいう「願わくは、われ太平洋の橋とならん」という名言が誕生した瞬間でした。もともとは「冷笑的に」扱われた発言だったようです。

稲造は試験に受かり入学しますが、まもなくその授業内容に失望します。もっと最新のことを直接学びたいという希望がわいてきたため、翌年、退学し、今度は海外の大学に行って学ぶことを考えます。

まったくの私費留学です。とんでもないほど高額の費用がかかりますが、養父の太田時敏が士族として得た公債証書から一千円を出してくれました。

他に、兄・七郎から餞別《せんべつ》として三百円をもらい、サムライは太平洋を渡ります。明治一七年（一八八四）九月一五日、サンフランシスコに着いた稲造は大陸横断鉄道で東部に向かい、ペンシルバニア州のアレゲニー大学に入りました。しかし、先に留学していた同郷出身で札幌農学校の一年先輩である佐藤昌介から勧《すす》められ、メリーランド州にあるジョンズ・ホプキンズ大学に転学します。ここで彼は経済学や史学、文学などを学びました。また、この地で、キリスト教の一派であるクエーカー教に入信します。神と心が通じると身が震える（クエーク）ことから名付けられたこの宗派は、人種や国籍などで差別しない平和主義（pacifism）を唱える教義で知られます。彼はここで、後に妻となるメリー・エルキントンと出会います。

稲造はアルバイトで学費を工面しながらこの大学を卒業すると、今度はヨーロッパに留学しました。すでに卒業して札幌農学校の校長事務取扱となっていた佐藤昌介が稲造を助教として採用し、ただちに農学研究のため三年間ドイツへの留学を命じるという特別な配慮によるものでした。稲造はボン大学、ベルリン大学、ハレ大学で財政学、統計学、農政学などを学び、博士と文学修士の学位を得ました。このドイツ留学中の明治二〇年（一八八七）、ラブレー教授から「日本には宗教教育がないとすれば、道徳教育はどのようにしているのですか」と尋ねられたのでした。

明治二四年（一八九一）、稲造は結婚します。サムライはアメリカ人を嫁にしたのでした。そして七年間の欧米留学を終え帰国。札幌農学校で教授として教鞭《きょうべん》を取ります。この地で新婚生活を送り、翌二五年には長男・遠益《とおます》が誕生しますが、不幸にも生後八日目に亡くなってしまいます。失意に暮れた夫人は産後の肥立《ひだ》ちも悪く、療養のため稲造が付き添ってアメリカのフィラデルフィアに里帰りしました。

稲造は同年一〇月に帰国して仕事に復帰しますが、今度はその稲造が体調不良に陥りました。夫人は明治二七年の四月、日本に戻って夫の看病にあたりますが、稲造は極度の神経衰弱で右腕が上がらず、チョークも持てないほどになってしまいました。そこで、農学校を休職し、鎌倉や沼津で療養生活を送ることにしました。

このころのことを、稲造は『修養』に書いています。

「僕は大病に罹《かか》って失望したことがある。どの医者も、どの医者も、全快までには早くも三年、遅きものは七、八年もかかる。しかしてその間は一切仕事をしてはならぬという。当時僕は三十五歳、いわば男盛りである。せっかく苦しんで学んだことは、何か国家のご用に立てたいと思うていたに、七、八年は何もすることができぬといわれ、実に無念でたまらない。半夜人静まった時、思いひとたびこの事に及ぶと、枕を霑《ぬら》したことも少なくなかった。（略）

さんざんに不平を感じた折から、ふとこの折を善用したならば必ず効果があろう、健康体の時に知ることができぬことをこの時知り得るであろう。健康の時は雑務に忙殺され静かに思う機会もないが、かく病床にあって青天井を眺《なが》めている時を修養に用いたら、得る所があるであろうと気がついた」

「当時僕は三十五歳」といえば、明治三〇年（一八九七）にあたります。この年の一〇月、稲造は病気のため職を辞し、以後は群馬県の伊香保《いかほ》温泉で療養をしています。その折り、『農業本論』を口述筆記で書き（自分では書けなかったのでしょう）、これが後に日本で初めて農学博士の学位を受けることに結びついたのです。

翌三一年（一八九八）、今度は夫人同伴で、アメリカのカリフォルニアに行き、静養しました。サンフランシスコから南に二百キロほど下ったところにあるモントレーという保養地で心身を休め、やはり口述筆記で書き上げたのが『武士道』だったのです。東西古今の博覧強記ぶりを存分に発揮したこの本は、外国で療養中、英語で著《あら》わしたものでした。

『武士道』を出版したのは、フィラデルフィアにあるリーズ・アンド・ビドルという小さな出版社でした。

稲造はその増訂第一〇版の序文に、こう書いています。

「六年前に初版が刊行されてから、この本は思いがけない経過を経て、予想以上の好評を得てきた。（略）

この小著が広くさまざまな社会において共感してくれる読者に出会ったことを思うと、私は感謝の念に堪《た》えない。このことにより、本書の扱った主題が世界全体にとって興味あるものであったことを知った。信頼できる筋の情報によれば、ルーズベルト大統領がこの本を読んで、友人たちに何冊も配られたそうだ。身に余る光栄である」

『武士道』の初版が出たのは一九〇〇年（明治三三）で、右の序文が載った増補第一〇版は一九〇五年（明治三八）の発行です。では、ルーズベルト大統領がこの本を読んだのはいつかというと、初版発行から四年たった一九〇四年（明治三七）のことでした。

日露戦争が始まったのは同年の二月で、翌月早くも終戦工作のため、金子堅太郎と駐米公使の高平小五郎がアメリカに派遣されています。金子はルーズベルトと同じハーバード大学を出ていたため選ばれたのでしょう。二人がホワイトハウスの昼食会に招かれたとき、この『武士道』が話題にのぼったといいます。そこで後日、高平が贈呈したところ、大統領はこれを読んで感銘を受け、すぐに書店に三〇冊を注文し、家族や友人たちに配ったということです。

こうしたこともあり、『武士道』は三十数カ国語に翻訳され、世界で読まれました。日清戦争に勝利すると、今度は大国ロシアを相手にした極東の小国とはいったいどんな国でどんな国民なのか、世界の関心が集まっていたころのことです。もともとは「宗教教育がないのに道徳をどうやって教えているのか」という疑問への答えとして書いた程度でしたが、意外な好評を得たのでした。

日露戦争は開戦の翌年、三八年九月五日に結ばれたポーツマス条約で、日本の勝利という形で終わります。この締結に尽力したセオドア・ルーズベルトはノーベル平和賞を受賞しました。

稲造の教え子で、昭和一三年（一九三八）に『武士道』の翻訳をした矢内原忠雄は、同書の訳者序に「その功績、三軍の将に匹敵するものがある」と書きました。「三軍」は全軍、「将」は統率者のことですが、まさにその通りです。この本が講和条約締結に大きく寄与したことは疑いがありません。

稲造は『武士道』の第一三章に、「最善の勝利は血を流さずに得た勝利である」、そして「武士道の究極の理想は平和である」と書きましたが、結果的にそのことを実証した形になったのです。彼はサムライでした。

同じ岩手県出身の政治家で、後に台湾総督府で上司であった後藤新平は、稲造のことをこう評したといいます。

「あの男はアメリカの婦人などを女房にしているので、えらくハイカラのように見られているが、そんな人物ではない。ちょんまげに洋服を着せたような男だよ」

武士的最期

幕末において、自国の独立を確保するために国を開き、明治に入ってからは「富国強兵」を旗印に国力の増強を続けてきた日本でしたが、自国の防衛にとって気がかりだったのは隣国・朝鮮でした。もし日本が他国から侵略を受けるとすれば朝鮮半島からであろうと警戒していましたが、朝鮮は近代化に背を向け、清（中国）の影響下から脱しようとしませんでした。その清はアヘン戦争の敗北以降、西欧列強の圧倒的な力により半植民地状態で、先行きが大いに案じられるような情勢だったのです。

作家の司馬遼太郎は、こう書いています。

「十九世紀からこの時代（註・二〇世紀初頭）にかけて、世界の国家や地域は、他国の植民地となるか、それがいやならば産業を興して軍事力をもち、帝国主義の仲間入りするか、その二通りの道しかなかった」
——『坂の上の雲』（三）

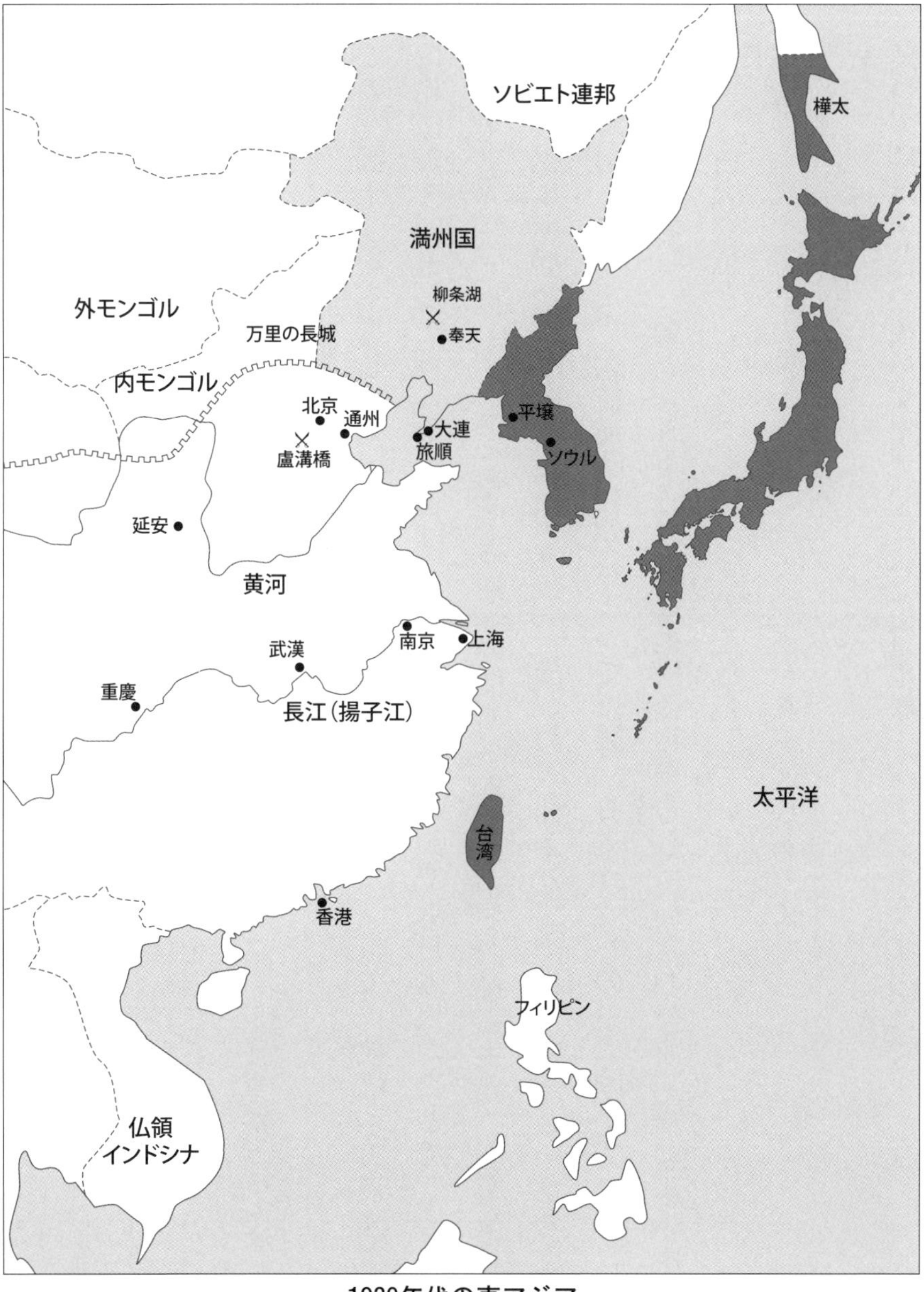

1930年代の東アジア

こうした情勢下、朝鮮への影響力を争う形で日本と清との間に戦争が起きます。明治二七年（一八九四）のことでした。福沢諭吉はこれを「文野《ぶんや》の戦争」と呼びましたが、これに勝った日本は下関条約で賠償金を得たほか、遼東半島を割譲されることになりました。しかし、一週間もしないうちにこの半島を返さざるをえなかったのです。いわゆる「三国干渉」がこれで、ロシア、フランス、ドイツが共同で日本に返還するように迫ったのでした。

この三国干渉を主導したのはドイツ国王のウィルヘルム二世で、彼は「黄禍論《こうか》」を持論にしていました。「黄」とは「黄色人種」、なかでも日本人のことで、その日本人が世界に「禍《わざわい》」をもたらすというのです。人類の中で、民主主義、産業革命、近代化を成し遂げたのは白色人種だけで、ほかの人種よりすぐれているという考え方が当時ありました。大航海時代が始まって以降、ヨーロッパの白人国がアフリカやアジアを席巻《せっけん》し、競い合うように植民地獲得に奔走《ほんそう》していたのです。ウィルヘルム二世は白人優位という考えがゆらぐのを危惧《きぐ》していました。

稲造の『武士道』の第一六章には次のような記述があります。

「黄色人種は金色の象形文字で記された貴重な一ページをなすのだ」

こうした考えを、相当の衝撃、あるいは威嚇《いかく》と受け取ったのでしょう。事実、この本が出た五年後、日本は日露戦争でロシアまで打ち破りました。次はウィルヘルム二世の言葉です。NHK『映像の世紀』より。

「世界に人類の運命を決する大きな危機が近づいている。その第一回の戦争は、われら白色人種のロシア人と、有色人種・日本人との間で戦われた。白色人種は不幸にして敗れた。日本人は白人を憎《にく》んでいる。白人が悪魔を憎むように憎んでいる。しかし、われらにとって日本そのものが危険なわけではない。統一されたアジアのリーダーに日本がなることが危険なのである。日本による中国の統一、それが世界に脅威を与える最も不吉なことである」

おそらく、白人を脅《おびや》かしたオスマン・トルコやモンゴルのことを念頭に入れたものでしょう。荒唐無稽《こうとうむけい》のようですが、清が満州族（女真《じょしん》族とも）という異民族に征服された国家であったことを考えると、「東夷」の日本が中国全土の支配者にならないとも限りません。秀吉が明の征服を試みたという歴史的事実もあります。

この黄禍論は人種差別とともに、第二次世界大戦終結までくすぶり続けていたと考えるべきです。稲造はこうした時代に生きていたのです。

一方、日露戦争は、武士道と騎士道の戦いとも言われました。どちらも、国際法をわきまえているのは我が方であるとでもいうように、優等生争いをしたのでした。休戦中には双方の兵士が肩を組んで酒を酌《く》み交《か》わすことまでありました。赤十字という考え方、捕虜をどう人道的に扱うかも慎重に考慮されました。日本側としては、不平等条約の撤廃という大きな目標があり、一等国として認められるために並々ならぬ努力をしたのでした。

日露戦争は多く満州で戦闘が行なわれました。なぜ満州かというと、日清戦争に敗れた清は国力が衰え、満州族の故地であったここは管理者のいない土地になっていたからです。ロシアは北からこの地に入り込んで自領のごとく居座り、朝鮮にも迫っていました。ロシアという白人勢力がこの地を支配することは、東アジアの平和を脅かすものだと日本は考えました。しかし、そのロシアは三国干渉で清に遼東半島を返還させたことを恩に着せて旅順・大連を租借《そしやく》したほか、堅固な要塞を築いていました。日本は東亜の安全保障のため、立ち上がったのです。自国に迫る危機を外堀で防ごうとしたのでした。

この満州からロシアを追い返すためには、ともかくもそこまでの制海権を手に入れることが欠かせません。そのためには、旅順港を本拠とするロシアの旅順艦隊を打ち破ることが必須でした。日本の連合艦隊は、明治三七年（一九〇四）八月の黄海海戦でこの艦隊にかなりの損害を与えましたが、旅順港に逃げ戻ることを許してしまいました。

日本の海軍は陸軍に対し、陸から旅順港にいる旅順艦隊を攻撃するよう求めます。ここで登場するのが陸軍大将・乃木希典《のぎまれすけ》でした。乃木は旅順要塞に三度にわたって総攻撃を行ないましたが、ことごとく失敗。陸軍としては司令官の更迭《こうてつ》も考えざるをえませんでしたが、そうすると「乃木は死ぬ」と見込み、士気にも関わることから、結局、児玉源太郎総参謀長を派遣して乃木から指揮権を委譲させたのです。児玉は大砲の配置転換を行ない、重要拠点とみた二〇三高地に戦力を集中してこの地を奪取。ついに旅順艦隊を打ち破ることができました。この旅順攻防戦における日本側の死傷者は六万にものぼったといいます。まさに「屍山血河」の戦いでした。なにしろ、敵の機関銃が唸《うな》りを上げ次々に友軍が撃たれて倒されていく中、それでも日本兵は死を覚悟で突撃していくのです。ロシア兵も、命知らずの攻撃に言い知れぬ恐怖を抱いたといいます。

この戦いの降伏文書調印式は、明治三八年（一九〇五）一月五日に行なわれました。その時の乃木の振る舞いが世界に伝えられ、勇名をとどろかせたのです。戦場近くの水師営という村の民家で降伏を申し入れた敵将ステッセルに対し、乃木は帯剣を許したのでした。降伏というのは、もう戦わないということですから、相手に対し武装放棄（武器を投げ出すこと）をするのが習いです。しかし、剣は武人の象徴であると考え、その名誉を傷付けることを避けたのです。いわば武士道の「名」であり、「武士の情け」でもありました。さらには、アメリカ人の映画技師がこの模様を逐一《ちくいち》映画に撮ろうとして許可を求めた時、乃木は「日本の武士道はこれを許さない」として断わり、写真については、調印式のあと、すでに友人となって同列に並んだ場面を一枚だけ許しました。

これが世界に伝えられ、美談としてたたえられたのです。

乃木は詩人としても有能でした。旅順攻略の前、金州という城郭都市での戦いのあと、彼は世にも名高い次のような漢詩を詠みました。下段はその読み方です。

山川草木転荒涼　　山川《さんせん》草木転《うた》た荒涼

十里風腥新戦場　　十里風腥《なまぐさ》し新戦場

征馬不前人不語
金州城外立斜陽

征馬前《すす》まず人語らず
金州城外斜陽に立つ

稲造は『武士道』の第五章に、「サムライは誰もがそれなりの詩人であった」と記していますが、乃木ともなればスケールが違います。落日は真赤な血の色をして新戦場を染めていたのでしょうし、自分の黒い影が長く地に伸びていたものと思われます。この戦いで乃木は長男・勝典を亡くしていました。

乃木希典は長州の人です。生まれたのは嘉永元年（一八四八）、場所は長府毛利藩の上屋敷。ということは、一四五年前、赤穂浪士の武林唯七ら一〇名が切腹したところだったのです。

若いころの乃木は宴会で大酒を飲むような男だったのですが、ドイツ留学から帰ってきてからは、まるで謹厳実直を絵に描いたような軍人に変わったといいます。軍服を特注で作らせ、夜寝るときも軍服であったらしく、おそらくは「常在戦場」といった考えからなのでしょう。武士は畳の上で死ぬものではない、といった考えであったと思われます。

乃木は明治天皇から特別に目をかけられていました。立派なヒゲを立てたその風貌《ぼう》もさることながら、いかにも一途《いちず》といった生き方が気に入られたもののようです。しかし、乃木は西南戦争で官軍の軍旗、つまりは錦《にしき》の御旗《みはた》を敵に奪われるといった大失態を犯してしまいました。これが生涯、心の傷となって苛《さいな》んだのです。

彼は日露戦争の二〇三高地の戦いにおいて六万人を死傷者させたため、無能とか凡将といった評価を受けたりしますが、水師営の会見のこともあり、かえって名声は上がりました。逆にいうと、神格化でもしなければ、これだけ多くの犠牲者を出したことと引き合わなかったのでしょう。

その後、彼を本当に軍神として祀《まつ》らなければならないほどの事態が発生します。

大正元年九月一四日の『国民新聞』は、こう記しました。

「学習院長・軍事参議官・陸軍大将・従二位勲一等功一級・伯爵・乃木希典氏（六十四）及び夫人静子（五十四）は、十三日午後八時、すなわち明治天皇霊轜《れいじ》御発引の折を見計らい、号砲を合図として、赤坂区新坂町五十五番地なる自邸に於いて、見事なる自殺を遂げたり」

「霊轜」は霊柩《れいきゅう》車、「発引」は引き始めのことです。

その発見時の模様は次の通りでした。同日同紙。

「大将は参内《さんだい》のままの正服を着け、机上に帛《ぬの》を布《し》き、その上に先帝の御肖像を奉掲し、儼然《げんぜん》として宮城《きゅうじょう》の方に向かい軍刀を以って咽喉部を刺し貫きて、刃先横に出で大動脈を切断して、体も崩さず見事なる自殺を遂げ、夫人は大将と相対して白羽二重《はぶたえ》の上に黒き喪衣を着け、同じく匕首《あいくち》を以って胸部を貫き、膝も崩さず少しも取り乱したる姿なく、鮮血淋漓《りんり》たる中に見事なる最期を遂げ居たり」

実際、乃木将軍は切腹を試みたものの死に切れず、服装をきちんと整えてから、あらためて自刃したようです。辞世の歌は、

「うつし世を神去りましゝ大君の　みあと慕《した》ひてわれはゆくなり」

でした。錦の御旗を奪われたこと、そして六万という部下を死傷させたことから、身の始末をつけたということなのでしょう。

『武士道』には、切腹は「武士が自らの罪を償《つぐな》い、過ちを詫《わ》び、不名誉を免《まぬが》れ、

朋友を救い、己の誠を証明するための方法であった」(第一二章)とあります。

このニュースは世界を駆け巡りました。中には批判的なものもありましたが、多くは、二〇世紀になってもまだ、古武士同然の精神が生き残っていること、そしてそれを軍人の頂点に立つ者が行なったということについての驚きでした。

では、稲造はどう感じたのでしょうか。

大正元年(一九一二)九月一八日の『東京朝日』は、「武士道より見たる乃木将軍の自刃《じじん》」と題して稲造の言葉をこう記しています。

「私は武士道に関する著述を公けにし、かつたびたび意見をも公けにしたが…武士道はサムライの階級の強制である。武士なる特種の階級が、これを守らざれば士たる面目を恥ずかしむると云う、すなわち士なる階級によって余儀なくさるる処の行いである。この狭い範囲の道徳である処の武士道が、果して今後何年間継続されるか、またはこれが拡大して世界的道徳となり得るかどうかと云う事は、また別の問題に属して来るが、尠《すく》なくとも乃木将軍の自刃は、この範囲の武士道から見ても一点なんら間然する所なき立派なる武士的最期であると思う」

稲造はクリスチャンでした。キリスト教では自殺は禁じられていますが、稲造は先の紙面で「自分は果してその信ずる耶蘇《やそ》が自殺を悪い行為と云ったかどうかはなはだ疑っている」とも述べています。そして普通の場合は「厭《いと》うべき行為」であったとしても、「例外はたくさんある」として、容認する考えを示しました。おそらく稲造は「耶蘇」つまり、クリスチャンになる前からすでに、サムライだったからでしょう。なお、記事中の「サムライの階級の強制」の横には「ノーブレスオブリージ」と仮名が振られていました。

稲造と乃木は親交があり、乃木は稲造宅を訪れた際、メリー夫人に「かたらじと思ふ心もさやかなる月にはえこそかくさざりけれ」という歌を書いて贈ったほどでした。稲造はそれを「わが家の最も貴い宝物」だと、随筆の中で記しています。

乃木はその後、神社に祀《まつ》られました。乃木神社の祭神になったのです。同種の神社としては、他に広瀬神社や東郷神社があります。前者は広瀬武夫少佐（のち中佐）が旅順港閉塞《へいそく》作戦で、部下への思いやりのために敵の砲弾の直撃を受けて爆裂死し、「二銭硬貨大の肉片」となって帰国したためであり、後者は東郷平八郎大将（のち元帥《げんすい》）が連合艦隊司令長官としてバルチック艦隊を撃滅させたという、神がかり的偉業のためです。どちらも日露戦争中のことでした。

始末に困る人

小村寿太郎は、安政二年（一八五五）生まれ。日向《ひゅうが》の国（宮崎県）の飫肥《おび》藩五万二千石という小藩の出身で、家禄《ろく》一三石の下級武士でした。それでも抜群の成績で第一回文部省留学生としてハーバード大学に留学しています。明治一三年に彼は帰国すると、司法省をへて外務省の翻訳局で働きました。しかし、父親が残した莫大な借金のため彼は極貧の生活を送ります。家具のほとんどは借金取りに持っていかれ、家には座蒲団が二枚あるだけ。古ぼけたフロックコートをいつでも着ていて、雨の日も傘を差さず、昼食はお茶でしのいでいたといいます。官僚ですからそれなりの給与はあったのですが、最低限の生活費以外は全て負債の補填《ほてん》に当てられました。それでも元金はおろか利息さえ支払えず、借金取りの来そうな日は家を空《あ》けるほどでした。加えて妻は家事をせず芝居に熱中。本人も家庭を顧《かえり》みなかったところがあったようです。後に勲章をもらうことが何度もありましたが、戸棚にしまっておくばかりで関心はなく、贈り物についても何ら興味を示さなかったといいます。

この苦境を救ったのが外相の陸奥《むつ》宗光で、明治二七年、彼は北京公使館に代理公使として小村を赴任させました。ここで小村は周囲の予想を越えるほどの成果をあげます。同地の政治情勢についての判断が非常に的確だったのです。

この年、日本は陸奥外相の下で、治外法権の撤廃交渉に成功しました。具体的には日英通商航海条約の締結ですが、これにより日本国内ではイギリスの領事が裁判の判決を下す権限がなくなりました。日本で起こった事件は日本の法律で裁かれることになったのです。

実は、この八年前、日本国民を憤慨させた事件が起きていました。

明治一九年（一八八六）一〇月のことです。英国汽船ノルマントン号が、横浜から神戸に向かう途中、紀州の沖で座礁し沈没しました。この事故で西洋人の乗組員二七名はボートで脱出し無事だったのですが、日本人の乗客二五名は見殺しにされ全員死亡したのです。この事件の裁判は神戸のイギリス領事裁判所で行なわれ、船長は三カ月の刑を言い渡されただけで賠償もされなかったのです。国論は沸騰しました。日本は「劣等国」扱いという侮辱を受けたのです。

おそらくイギリスが治外法権を放棄したのは、明治二二年（一八八九）に大日本国憲法が発布されたからでしょう。これにより、日本は文明国と認められた形になりました。当時、イギリスは世界の最強国であり、その国と対等の関係が認められたことから、順次、他の国とも同様の関係になっていったのです。

この日英通商航海条約の締結からほどなく、日清戦争が起きます。これは両国が朝鮮に対する影響力を争ったもので、開戦前の状況分析について、小村は抜群の成果をあげました。日清戦争の勝利をもたらした幾分かは小村によるものでしょう。

この戦争は翌年の四月の下関条約で日本の勝利に終わります。しかしこのとき、三国干渉の問題が起りました。

小村はその後、出世を重ね、明治三四年（一九〇一）には桂太郎の内閣で外相になりました。すると今度は、ロシアとの戦争が迫ってきます。

明治三三年（一九〇〇）、清で「義和団の乱」が起きました。これは外国勢力への大規模な攘夷運動で、西太后《せいたいごう》も同調して列強に宣戦を布告。しかし、ただちに列強八ケ国の共同出兵で鎮圧され、北京議定書によって清は莫大な賠償金の支払いや、国内に外国部隊の駐留を認めることになりました。半植民地となったのです。

事実、ロシアは満州に軍隊を進め、そのまま居座ってしまいます。今でもこの地にロシア風の町並が残っているのはそのためです。満州はロシア領のようになっていました。日露戦争の原因は、ロシアが満州から撤兵するという国際公約を破ったからです。当時、満州は漢族の立ち入りが禁じられていたこともあり、土地の豪族が支配する、いわば無政府地帯になっていました。満州は清を支配していた満州族の発祥の地でしたが、清は日清戦争で敗れてから国力が衰退し、自力でロシアを追い出すことができなくなっていたのです。

満州という東アジアの地にロシアが入ってくるのは日本にとって脅威でした。日本は清に通告した上で、満州を戦場とし、ロシアつまり白人の侵略から守ろうとしたのです。ロシアは江戸時代から日本の北辺を脅かす由々《ゆゆ》しき存在でした。

日露戦争は明治三七年（一九〇四）に始まりますが、その二年前、日本はイギリスと日英同盟を結ぶことに成功しています。イギリスは日本がロシアの勢力拡大を阻止することを望んでいました。この同盟締結を進めたのが小村であり、結果的にこの同盟が日本を利したのです。それまで「名誉ある孤立」を保っていたイギリスが日本と同盟を結んだのは、北清事変において八カ国の連合軍に加わった日本軍の軍規が厳正であったからだといいます。

司馬遼太郎は『坂の上の雲』（五）に、「日本の幸福は英国と同盟できたことであったであろう」と書きました。小村はこの功績により、後に勲一等旭日大綬章を受け、男爵に推《お》されています。

この同盟が白人と有色人種間の隔たりを縮めたことは間違いありません。

一方、この戦争に反対し、平和を求めた人もいました。

ロシアの文豪・トルストイは、こう述べています。NHK『映像の世紀』より。

「戦争はまたもや起こった。見よ、一方は一切の殺生《せっしょう》を禁じた仏教徒であり、一方は世界の人々の兄弟愛を公言するキリスト教徒であるというのに。今や極めて惨《むご》たらしい方法で、互いに傷付け合い、殺戮《さつりく》を重ねようとしている。陸に、海に、野獣のごとく相手の隙《すき》をうかがっているのだ。これは夢ではない」

旅順が陥落した明治三八年（一九〇五）一月、ロシアでは血の日曜日事件が起き、革命運動が始まりました。ロシアの敗戦にはこうした背景があったのです。この革命運動を陰で操《あやつ》ったのは日本の明石元二郎大佐でした。彼は各地に亡命している革命家たちを資金援助し、ロシア当局を悩ませたのです。彼の働きは「数個師団に匹敵した」とも言われました。戦争にはこういった側面があるのです。

この戦争では、一月の旅順陥落に続き、三月一〇日に奉天会戦、五月二七日には日本海海戦があり、いずれも日本が勝利しました。それぞれ、陸軍記念日と海軍記念日になっています。

日本と同盟を結んだイギリスの『タイムズ』は、六月七日付でこう書きました。

「この画期的な勝利にもかかわらず、日本国民の態度は実に見事なものだ。彼らは古くからの偉大な礼儀を保っており、戦争の間中、勝利のときも失意のときも終始変わることのなかったその態度は、偉大な国民にふさわしいものだ。けたたましい粗野《そや》な叫びも、自賛も、勝者の傲《おご》りも見せず、深い感謝と静かな満足感を抱き、改めてその勝利を日本の皇帝の大いなる徳のたまものとたたえることを忘れない。もしこれをもって黄禍というのであれば、われわれは深い尊敬に値する国民との同盟関係をより緊密かつ効果的なものにすることによって、大いに感染したいものだ」

日露戦争は五月の日本海海戦以降、膠着《こうちゃく》状態に入りました。日本は戦費を使い果たし、進軍したくてもできなくなったのです。開戦から一年三カ月あまりの間に投じられた戦費は二〇億円近くに達し、国家予算の八倍にもなっていました。一方、ロシアも革命運動や、引き続く敗戦のため厭戦《えんせん》気分が広がってきました。

終戦に向けた動きも始まります。

六月一日、日本の駐米大使・高平小五郎は、ルーズベルト大統領に講和斡旋の申し入れをしました。「講和」とは戦争を終え、平和を回復することです。

その後、ロシアも希望したため、八月一〇日から、アメリカ東部のニューハンプシャー州ポーツマスで講和会議が始まりました。交渉の相手はウィッテ。日本の全権は小村外相です。小村は身長四尺七寸（一・四三メートル弱）。体重も一三貫（四九キロ）あるかないかの短躯《たんく》でした。小柄な体でよく動き回ることから「鼠《ねずみ》公使」（rat minister）と呼ばれたこともあったといいます。

この交渉では、アメリカのルーズベルト大統領が講和に力を尽くしています。同大統領が新渡戸稲造の『武士道』を読んでいたことは知られており、何らかの影響を受けたことは間違いありません。そして、このことはロシア側についても同じでしょう。『武士道』はロシア語にも翻訳されていたのです。

会議ではウィッテが「日本は賠償金欲しさに戦争を続けたがっている」などと記者団に言い触らすなど、巧《たく》みに交渉を展開しました。小村は日本が国力を使いきっていることを十分理解しており、交渉決裂の寸前でどうにか講和条約の調印に持ち込みました。賠償金はなく、領土の獲得も南樺太《からふと》だけにとどまりました。他には、旅順・大連の租借、南満州鉄道と付随の権利、沿海州やカムチャッカ沿岸の漁業権などを得ましたが、戦争継続のため増税につぐ増税にあえいでいた日本の人々は愕《がく》然としました。連戦連勝を伝えられ、賠償金はどれくらいか、領土はどこまで手に入れられるかを算段していた人々は、怒りを爆発させたのです。

九月五日、東京の日比谷公園で、講和に反対する国民大会が開かれましたが、その三万人ともいわれる参加者が暴徒化し、警察署二、交番二一九、教会一三、民家五三、電車一六両を焼き、ついには無政府状態になって戒厳令が布《し》かれるまでになったのです。この時、国民新聞が焼き討ちに遭《あ》い、輪転機は破壊され、活字や新聞用紙が道路にぶちまけられたのでした。この新聞社の社長・徳富蘇峰《そほう》は戦争を終わらせることが精一杯という国情を知っていました。そこで講和に賛成する記事を書いたため、襲われたのです。警察が確認した民衆の死者は一七人、負傷者は五二八人にのぼりました。

小村はポーツマスで条約に署名したあと、体調をくずして病臥《びょうが》し、アメリカを離れたのは一〇月二日。横浜に帰って来たのは同一六日のことでした。

翌一七日の『大阪毎日』は、こう書いています。

「小村全権大使は…十六日午後二時三十分、海岸御用邸裏手より上陸したり。（略）

講和条件の一度世上に伝わるや、人気ここに頓挫《とんざ》し、今や大使の帰朝に際しても、これを迎うるの企《くわだ》てなく、通行の道筋とても祝意を表する国旗の影さえ一つだに見受けず、寂然《せきぜん》たるものなりき。（略）陸上も海上も、厳重なる警戒を以って歓迎に代えたるの観ありたり」

「厳重な警戒」とは、つまり暗殺にそなえたものです。日比谷での焼き討ち事件のことを考えると、用心するのも当然でした。

上陸後、小村は汽車に乗り換え、新橋駅で下車します。

次は一八日の『時事新報』。

「小村全権はフロックコート、シルクハットの服装にてプラットホームに下らんとせる出合い頭に、桂総理大臣はツト進みて握手の礼を行い、代わる代わる点頭しつつ握手したり。久しく国家の大事に心身を労したる上に、不幸病いに罹《かか》り未だ全快せざるにや、さらぬだに痩《や》せすぎたる小村全権の顔はいっそう痩せて見えたるも、見る者の心柄にや。それにも拘《かか》わらず全権ははなはだ元気好《よ》く、活溌に庶人と挨拶し、面上常に微笑を絶たざりしもののごとし。しかして出迎人の挨拶も一様ならざりしが、『御機嫌よう』『おめでとう』の声は最も高く、ただ出発の当時、耳を聾《ろう》するばかりプラットホームに響き渡りし万歳の声は今度は全く聞くことを得ざりしは、是非もなき次第なり」

この一カ月後、小村は北京にいました。日清満州条約締結のためです。これはつまり、日露戦争の講和条約によって満州をロシアの侵略から守ったことを報告するとともに、満州での権益、そして開発について取り決めをするというものでした。満州は清《しん》の故地です。日本の勝利は清にとって朗報でした。

日清満州条約交渉は一一月中旬から始まり、一二月二〇日、ようやく調印されました。日本側がかなりの譲歩をした形でしたが、これで正式に、日本の満州における特殊権益が認められたのです。多数の犠牲で得られた代償でした。

一二月二六日の『国民新聞』は、次のような記事を載せました。

「清人は一般に小村大使の人となりに就いては、談判の際諄々《じゅんじゅん》として説き来たり説き去りしその議論態度がいかにも穏和にして、真に日清両国及び東亜の大局を維持するに熱心なるに感服せり。また清国大臣、将相なども、小村大使が病躯《びょうく》を以《も》って各親王を訪問し、各学校を参観し、善《よ》く語り善く謀り、清国のために尽したるに敬服し、今や清国上下の人心をして、ことごとく小村大使を尊敬せしめてやまざるの概《おもむき》あり。また在留日本人も、大使の挙動に深く感謝し居れり」

実は、この満州開発については、日露戦争で戦時公債五〇〇〇万ドルを引き受けたアメリカの鉄道王ハリマンが日本に対し南満州鉄道の共同経営を提案していたのです。仮契約まで話は進んでいましたが、小村はこれを強硬に拒みました。もしこの共同経営が実現していたら、その後の日米関係は全く違ったものになっていたでしょう。商売道徳を説いた渋沢栄一はこれを聞いて悲嘆に暮れたといいます。

アメリカは満州のフロンティアに関心がありました。だからこそ、ロシアの侵略を押し止めようと望み、日本の肩を持ったのです。アメリカは講和の仲介にあたったということで見返りを期待していたのに、叶《かな》いませんでした。アメリカは不満を持ち、これが後の排日運動につながったものと考えられます。もし共同経営ができていたら、これは一つの「保険」の役目を果たしていたことでしょう。国際連盟の脱退など、孤立化は避けられたはずです。一つの歴史の転換点でした。

日本はこのあと、満州への移民を進めます。近代化のため、人口が増えて国内ではまかない切れなくなっていたのです。ほかにも、ハワイ、南北アメリカなどに開拓団が派遣され、入植していきました。

明治三九年（一九〇六）に出された島崎藤村の『破戒』には、主人公がアメリカのテキサスに新天地を求める場面が出てきます。一方、南米では、ブラジルに日本から移民が始まったのは明治四一年です。日本人は南米では勤勉だということで現地で成功を収めましたが、満州とアメリカでは成功しませんでした。

夏目漱石は、明治四一年に出版した『三四郎』の中で、読者の心にひっかかるような一場面を書いています。三四郎が東京へ向かう車中でのことです。「いくら日露戦争に勝って、一等国になっても駄目ですね」と言ってきた男に対し、「これからは日本もだんだん発展するでしょう」と三四郎が言うと、相手は一言、「亡《ほろ》びるね」と答えたのでした。漱石は何かを感じていたのでしょう。

この明治四一年（一九〇八）、二度目の外務大臣になった小村は韓国の保護国化をすすめ、明治四三年（一九一〇）、日韓併合を成立させます。この功績により、彼は侯爵という爵位を得ました。

当時、小国がその存続のため、他国と合併することは珍しいことではありませんでした。たとえば、チェコ・スロバキアという国が成立したのは日韓併合から八年後の一九一八年（大正七年）で、一九九三年（平成五年）まで続いています。

明治四四年（一九一一）、小村は幕末以来の懸案だった不平等条約の改正をなしとげます。この年の二月、アメリカと新日米通商航海条約が結ばれ、関税自主権の完全な回復に成功したのです。あの咸臨丸の航海から半世紀後のことでした。

この年の八月、第二次桂内閣が総辞職したため小村も外相を辞め、それからは神奈川県葉山の別宅で「禅寺の如き」生活をし、読書三昧《ざんまい》の日々を送りました。しかし、この時すでに彼は結核に冒《おか》されていました。

小村寿太郎はこの年の一一月二四日に逝去しましたが、実はこの日、桂元首相は彼を見舞っています。

次は一一月二五日付『東京朝日』の記事。

「桂侯爵も急を聞いて二十四日午後一時、小村侯を枕頭に見舞い、『小村君わかるか』と握手するや、『わかる』とわずかに一言を発せるのみ」

これが最後の言葉になったようです。

司馬遼太郎は小村のことを「テロをおそれず、一命を賭《と》して明治国家の危機を一両度も救った」（『この国のかたち』一）と書いています。

おそらく、このサムライは、西郷隆盛の次のような言葉を体現した人だったのでしょう。稲造も自著『修養』にこれを採録し、評価しています。

「命もいらず、名もいらず、官位も金もいらぬ人は始末に困る者なり。この始末に困る人ならでは、艱難《かんなん》を共にして国家の大業は成し得られぬなり」

波立つ太平洋

稲造は明治三三年（一九〇〇）、『武士道』を出版すると、台湾の民政長官をつとめていた同郷・岩手県出身の後藤新平から強くすすめられ、台湾総督府で働くことになりました。神経衰弱で体調がすぐれなかった稲造は、執務室にベッドを置き、昼には休息が約束された上で、これを引き受けたのです。

前年に日本初の農学博士となっていた稲造は、台湾総督府の技師として赴任し、ここではサトウキビによる製糖産業が有力と見て、品種改良と栽培法、そして製造法の近代化をすすめました。そして、台湾における製糖業を一大産業に育てます。こうした彼の貢献は高く評価され、今でも台湾の糖業博物館には稲造の胸像がおさめられているほどです。台湾は反日一辺倒ではなく、是々非々で評価しています。

彼が『武士道』を書いた二年後、東洋の小国・日本が大国ロシアを打ち破ったことは、世界とくに非白人国に大きな影響を与えました。

インドの独立運動の指導者・ネルーは、こう回想しています。


「日本の勝利は私を熱狂させた。私は新しいニュースを見るため、毎日新聞を待ちこがれた。どんなに感激したことか。どんなにたくさんのアジアの少年少女が、そして大人が同じ感激を体験したことか。ヨーロッパの強国ロシアはアジアの国・日本に敗れた。だとすれば、アジアはヨーロッパを打ち破ることができるはずだ。アジア人のアジアという声が沸き起こったのである」


西欧列強の半植民地であった清国では、孫文が自国の帝政打倒をめざし、東京で中国同盟会を結成。革命運動を始めました。明治三八年（一九〇五）のことです。

トルコも同様で、明治四一年（一九〇八）に青年トルコ革命が起きています。

このように、有色人種が白人に勝ったことは、世界の歴史上、画期的なことだったのです。というのも、約一〇年後には、ロシア帝国が崩壊したからです。

こうした日本の勝利を伝える報道に、長年ロシアの圧制に苦しんできたフィンランド国民は拍手喝采《かっさい》し、バルチック艦隊を撃滅させた東郷平八郎の名前にあやかって、「トーゴービール」というビール会社まで出来たといいます。

一方、朝鮮では事情が異なります。

日露戦争が終わった明治三八年（一九〇五）、第二次日韓協約が結ばれ、日本は韓国の外交権を手に入れました。強引と思われるかもしれませんが、そもそも日清戦争も日露戦争も、朝鮮をめぐっての争いだったのです。その朝鮮（大韓帝国）も、周囲の国々に近寄ったり離れたり、どっちつかずの外交政策を行なったことから、その火種となったのでした。少なくとも日本はそう考え、新たな問題を起させないよう手立てを打ったのです。当時、自立できない国については保護国にすることが普通でした。このころ、アジアで真っ当な独立国といえば、日本と、英仏勢力の緩衝地帯にあったタイくらいのものだったのです。

日本は明治維新以来、隣国朝鮮の情勢に注目してきました。清を宗主国としてきたこの国は、一九世紀の後半、列強が力を及ぼしてきても国を開こうとはしませんでした。清がアヘン戦争で大敗し列強によって半植民地化されても時勢に無関心のままでした。危機を感じ、明治維新を成し遂げた日本から近代化を促《うなが》されても応じようとしないどころか、西洋に魂を売ったとして軽蔑さえしたのです。

日本は朝鮮と清の宗属関係を断ち切ろうと日清戦争をし、下関条約で「朝鮮国ノ完全無欠ナル独立自主ノ国タルコト」を清に承認させたにも関わらず、朝鮮は今度はロシアに接近し、皇帝がロシア公使館に逃げ込むほどでした。その後、親日派のクーデターがあったものの失敗するなど混乱したため、日本は日露戦争の後、ソウルに統監府を置いて政治を主導しました。このとき韓国の外交権も掌握したのです。韓国に対する保護権はポーツマス条約を根拠としたものですが、明治四〇年（一九〇七）、韓国皇帝はオランダのハーグで開かれた万国平和会議に密使を送り日本の横暴を訴えるという手段に出ます。結局、これは外交権がないということで相手にされませんでしたが、この事件を機に日本は韓国の内政権を手に入れ、軍隊も解散させ、三年後の明治四三年（一九一〇）、日韓併合条約が結ばれることになったのです。この条約の第一条は「韓国陛下ハ韓国全部ニ関スル一切ノ統治権ヲ完全且《かつ》永久ニ日本国皇帝陛下ニ譲与ス」となっていました。

稲造はポーツマス条約が結ばれた後、明治三九年（一九〇六）に韓国の全州を訪れています。そして「枯死国朝鮮」というエッセイを書きますが、その中で「朝鮮の衰亡の罪を帰すべき所は…唯《た》だ人のみ罪に汚れたり」と記しました。このため稲造は後に批判を受けていますが、当時の韓国は儒教の影響で、進歩とはかけ離れた社会だったのです。人々は先祖の祭祀《さいし》に明け暮れ、支配者階級である両班《ヤンパン》は労働を嫌い、誰かが高官に就くと一族がそれにすがって無為徒食をするという有り様で、「死者に支配された国」とまで言われたほどです。人々は集団を作って党争に血道を上げ、森の木は切られてハゲ山となり、町の衛生状態も劣悪だったと外国人の旅行者は書き残しています。おそらく稲造も同じように感じて「枯死国」と表現したのでしょう。

この国に日本はどう接したのかについて、一九世紀末に訪れたイギリスの旅行家イザベラ・バード女史は、著書『朝鮮紀行』にこう書きました。

「わたしは日本が徹頭徹尾誠意をもって奮闘したと信じる。経験が未熟で、往々にして荒っぽく、臨機応変の才に欠けたため買わなくてもいい反感を買ってしまったとはいえ、日本は朝鮮を隷属させる意図はさらさらなく、朝鮮の保護者としての、自立の保証人としての役割を果たそうとしたのだと信じる」

「朝鮮がひとり立ちをするのはむりで、共同保護というようなきわめてむずかしい解決策でもとられないかぎり、日本とロシアのいずれかの保護下に置かれなければならない」

一方、日露戦争後のアメリカはどうかというと、満州の中立化を主張しました。せっかく講和を調停したのに南満州鉄道の共同経営を断られたこともあったでしょうし、一八九九年に中国の門戸開放を求めたことも背景にあったものと思われます。中国の利権争いに自らも参入したいと思っていたのです。

またアメリカは、あのロシアのバルチック艦隊を撃滅した日本を警戒し、軍事力を増強するようになります。このころアメリカはオレンジ計画という、日本を仮想敵国とした戦略を立てていました。日本によるアジア制覇を危惧《きぐ》したのでしょうが、人種的偏見もあったのでしょう。いわゆる黄禍です。アメリカは日本の国力に恐れを抱き始めました。戦争により、国と国との力関係が変われば、それに応じて反作用も生まれてきます。ペリーが日本に来航してから約半世紀がたっていました。

そんな中、明治三九年（一九〇六）に、サンフランシスコで問題が発生しました。同市の教育委員会は、米国人学童の通う公立学校に在籍していた日本人学童を、インド人や中国人などが通う東洋人学校に転校させることを決定したのです。

むろん、日本側は反発し、結局は連邦政府の介入により、サンフランシスコ市の措置は撤回されました。

サンフランシスコは咸臨丸が着いた港であり、市長や知事も出迎えて歓迎した土地です。稲造もここからアメリカ大陸に足を踏み入れました。その町が今度は日本からの移民を排斥《はいせき》するというのです。

アメリカは移民で出来た国です。特に一八四八年にカリフォルニアで金鉱が発見されると、その翌年だけで八万人以上が殺到するというゴールドラッシュが起こりました。そんな中、有色人種は差別され、特に日本人は白人を〝打ち負かす〟かもしれないと警戒されたのです。明治四〇年（一九〇七）当時、全米では約三万人の日本人移民がいました。

こうした事態を憂慮する人々の中に、E・R・シドモアというアメリカ人の女性がいました。彼女は明治一七年（一八八四）以降、少なくとも六回、日本に来ていて、国内の各地を歩き回り、旅行記を書いて紹介していました。また、明治三九年（一九〇六）には日本政府から勲六等宝冠章を受けています。

その彼女が、日米関係の悪化を懸念し、明治四二年（一九〇九）、日本の桜をアメリカに贈るという親善事業を企画しました。首都ワシントンDCにあるポトマック川沿いの公園に日本の桜を植樹することを、当時のタフト大統領夫人に提案したのです。

大統領夫人は即座に賛成しました。シドモアはこのことを手紙に書いて在アメリカの水野総領事に送り、それが日本の外相・小村寿太郎の元に届いたのです。

当時の東京市長・尾崎行雄は積極的に動きました。日露戦争の講和斡旋に尽くした礼に応えたいという気持ちもあり、また日米関係のきしみを少しでも解消しようという考えもあってのことでしょう。明治四二年（一九〇九）八月一八日、東京市は桜の苗木をワシントン市に贈ることを決定しました。

桜の木は、「吉野」「都」「南殿」など一〇種で、合計二千本の苗木がアメリカに送られました。しかし残念なことに、これらには害虫の卵や黴《かび》が付着していたことがわかり、焼却処分されてしまったのです。

東京市はあきらめず、今度こそはとの思いで苗木を厳選。翌年に再び送って今度は検査に合格、望み通りポトマック河畔に植樹されました。そして明治四五年（一九一二）三月二七日、大統領夫人、駐米大使夫人、シドモア女史も出席して、植樹式が行なわれたのです。

両国の女性たちによる外交活動の成果といったものでした。日本の駐米大使は珍田捨己《すてみ》という人物で、弘前藩（青森県）の出身でした。彼は、ポーツマス条約が結ばれた時、小村寿太郎の次官を務めており、もちろんアメリカ東海岸のこの地まで同行していたのです。

シドモアはその後、スイスに渡り、昭和三年（一九二八）一一月三日、七二歳で亡くなっています。日本政府の要請でその遺骨は、同人の母と兄が眠る横浜外人墓地に納められました。兄は日本駐在の外交官でした。

翌年の一一月三日に行なわれた納骨式には、米国代理大使など約百名の出席者がありました。新渡戸稲造は英語でこう弔辞《ちょうじ》を述べています。

「シドモア女史が日米親善につくされた功労は決して忘れることはありません。今日、我々友人が女史の意志を尊重してここに式典をあげることは、実に光栄であります」

その後、ポトマックの桜の日本への里帰りが企画され、この桜の枝が女史の墓前に植えられました。納骨式から六二年たった平成三年（一九九一）のことでした。

国際平和を説く

明治三九年（一九〇六）、韓国旅行から帰ってきた稲造は、九月、法学博士の学位を受けるとともに、第一高等学校の校長になります。彼が「太平洋の橋になり度と思ひます」と、入学試験の面接で述べた、あの学校の校長になったのです。

彼は「質実剛健」という今までのこの学校の校風に、ソシアリティ（社交性）という考え方を持ち込みました。ソシアリティとは、自分の小さな世界に閉じ込もっていないで、広く他人と知り合い交際する中から新しい関係を作り互いに高め合う態度をいいます。これは人と人との関係でも、国と国との関係でも同じです。

そんな稲造でしたが、なぜか野球が大嫌いでした。彼は明治一〇年代に渡米したからには、本場・アメリカの野球やその人気を知っていたはずですが、性に合わなかったようです。

当時は大学野球が人気で、明治三六年（一九〇三）に最初の早慶戦が行なわれたほか、早稲田大学の野球部は二年後の同三八年にはアメリカに遠征するほどでした。

日露戦争の真っ只中のことです。当時、一高の野球部もかなりの強豪でした。なぜ稲造は野球が嫌いだったのでしょう。

明治四四年（一九一一）八月二九日の『東京朝日』には、「巾着切《きんちゃくきり》の遊戯」と題した新渡戸一高校長の談話が載っています。「巾着切」とはスリのことです。

「私も日本の野球史以前には、自分で球を縫《ぬ》ったり打棒を作ったりして野球をやった事もあった。野球と云う遊戯は悪く云えば、対手を常にペテンに掛けよう、計略に陥れよう、塁を盗もうなどと眼を四方八面に配り、神経を鋭くしてやる遊びである。故《ゆえ》に米人には適するが、英人や独逸《ドイツ》人には決して出来ない。（略）昨今、だいぶ野球の対校試合や洋行が流行のようであるが、…ここに最も憂うべきことは、私立は勿論のこと官公立の学校といえども、選手の試験に手加減をすることがあり得ることである」

この記事にはすぐさま反論が出され、結局、野球が「害毒」かどうかの論戦は、紙上で二二日間も続いたのでした。

本心を明かしたため思わぬ批判を受ける形になりましたが、これとは別に、半年前、稲造は当局から譴責《けんせき》処分を言い渡されたことで世間を騒がせていました。

明治四四年（一九一一）二月のことです。

一高弁論部が演説会に主賓として招いた徳冨蘆花という人物が、前年に起こった大逆事件の犯人を維新の志士にたとえてその志は憎むべきではない、と述べたという事件です。

「大逆事件」とは、社会主義者・幸徳秋水らが明治天皇を暗殺しようと計画したとして逮捕された事件です（のち死刑）。社会主義のイデオロギーとしては、階級格差は許し難く、その最たるものとして天皇の抹殺を目論《もくろ》んだというのです。

当時は私有財産制度を否定する社会主義思想が流行し始めており、その発生源であるロシアでは第一革命がすでに起こっていて、当時としては進歩的な考え方ではありました。徳冨蘆花は日比谷焼き討ち事件で襲われた国民新聞の社長・徳富蘇峰の弟です。彼は反戦論者のトルストイに会いに出掛けるほど心酔していました。

この演説会の始末について、同年二月四日の『毎日』は、「新渡戸校長、急に訓論をなす」の見出しで、こう書きました。

「当日の会に出席せざりし新渡戸校長は事態を聞きて大いに驚き、昨朝は八時より十時まで二時間の授業を休んで全校生徒をことごとく…大教場に集め、大要左のごとき訓戒を与えたり。『個人としても、客を招きその席上に於いて反駁《ばく》するは礼でない。不幸にして私は弁論会には出席しなかったが、それにしても蔭口を利《き》くと言う事は礼でないと思うから、今更徳冨君の演説に就いてどうこうは言わぬ。初めから招待しなければ良かったと悔ゆるばかりであるが、この失態はもう文部省及び上院議員二、三の耳にも聞えたと言う事であれば、或いは責任問題を引き起すかも知れんが、その際は自分が全責任を負うから、生徒諸君は安心して宜しい。たとい徳冨君の演説が悪いとしても、わが一高には護国旗と言うものがあって、忠君愛国を標榜《ひょうぼう》して居る。生徒諸君は宜《よろ》しくこの辺を考えて、決して危険なる思想に陥る事なきを期して貰《もら》いたい』云々《うんぬん》。これに就いて同校生徒は一般に、盧花氏の演説を以って考慮に価いせざる駄弁と見なし、殊に新渡戸校長がこの訓示後、更に進退伺いのため文部省に出頭したりと聞き、新渡戸校長の意気に感じ、昨夕有志相会し臨時興風会を寮内に催し、一高出身の帝大学生なども多勢列席し、万一校長がこの事件に就いて全責任を負い辞職するがごとき事あらば、吾々生徒一同、協力してその責任に代わる事を期すべしと、堅く決議したりと云う」

ここでわかることは、稲造は社会主義を警戒していたこと、そして「忠君愛国」の考えを持っていたということです。稲造はクリスチャンでしたが、天皇を敬い、国を愛する気持ちはしっかりと持っていました。これは翌年、乃木将軍が殉死した際の対応でも明らかです。この点、札幌農学校の同期で同じくクリスチャンであった内村鑑三が、明治二四年（一八九一）の教育勅語奉戴式で教育勅語に拝礼せず公職を解かれたことと対照的です。稲造は乃木と交流がありましたが、その乃木もまた野球害毒論者でした。

この明治四四年（一九一一）、稲造は一大決心をします。きしみの出てきた日米関係を修復しようと行動を起こしたのでした。『武士道』の第一〇章に「サムライは本質的に行動の人であった」と書いた通りです。

翌大正元年（一九一二）一一月二六日の講演で、稲造はこう述べています。（一九一三年一月一日『道』五七号。岩波文庫『新渡戸稲造論集』より）

「御承知の通り、日米の関係が四、五年来妙になっておる。ソコで講師の交換でもすれば、幾分か両者間の誤解を釈《と》く一助になろうかと考えるものがあるに至った。最初この事をいい出したのは米国側で、ある米人から、ある富豪が出資して米国から第一流の人物、例えばルウズベルトの如き人物を送るから、日本からこれと交換に第一流の人物、例えば東郷大将の如きを送ってくれるかどうかと、掛け合うて来た。（略）日本の政府は、…始めに第一流の人物を交換したのでは後が六《む》ずかしい。始めは二流、三流、もしくば四流で交換してはドウかと返事を出した。先方もこれに同意をして、ソレでは最初はヨイ加減のものをということで、私が第一に行くことになったのでした」

稲造は八月に出発し、アメリカの六大学で講演しました。その他にも招かれて演説し、合計一四四回、演壇に立ったといいます。一高校長のままでのことでした。このうち、明治四四年（一九一一）九月に、ルランド・スタンフォード・ジュニア大学で行なわれた、「太平洋に平和を」という題の講演は次の通りでした。『新渡戸稲造全集』第一七巻より（部分）。

「われわれが勝利をおさめた二大戦役が、わが弱き兄弟の一部の人たちの頭を狂わせてしまったことを、私は認めます。彼らの信ずるところでは、わが戦勝は明らかに武士道精神に出るというのです――サムライの名誉の掟を構成する秀《す》れた教えの遺物によるというのです。私自身、この考えを普及させた部分的責任を感じます。私は武士道について、また武士道のために本を書いたことを後悔はしません。そして、私がそれについて書いたり語ったりしたことを撤回するつもりはさらさらありません。しかし、武士道の精神がわが民族の特有独占物であるという熱狂的愛国者の考えには、私は同意しません。それこそ人間が考え構築しうる最高の道徳体系だという考えにも賛成しません。私にはその弱点が判っています。私はそれが誤解させ堕落させやすいことをすっかり知っています。（略）もし武士道の高貴な倫理が、頑固な迷信家によって排外の手段に変えられたとすれば、私の悲しみこれに過ぎるものはありません」

この年、辛亥《しんがい》革命が起こり、孫文が清を倒して中華民国が成立しました。「民国」というからには民主主義革命であり、つまりは二千年続いた皇帝がいなくなったということです。日露戦争の終結から世界が激変したのです。いわゆる「中国」というのは、この中華民国か、第二次世界大戦後にできた中華人民共和国の略称です。

辛亥革命は東京で結成した中国同盟会をもとにしたもので、日本人の犬養毅や宮崎滔天《とうてん》が援助しており、反日の組織ではありませんでした。日清戦争の後しばらくは清から日本に多数の留学生が来るなど比較的良好な関係で、「変法自強」という、日本の文明開化をお手本とする近代化改革も行なわれました。

しかし、それも「戊戌《ぼじゅつ》の政変」という反対派のクーデターにあいます。

大正三年（一九一四）、第一次世界大戦が始まりました。日本は日英同盟に基づきドイツに宣戦布告し、ドイツの植民地であった中国・山東半島の青島などを占領しました。主戦場となったヨーロッパが焦土と化したのに引き換え、日本は少ない犠牲で戦勝国となることができたのです。そして中国に対し、二十一ケ条の要求を突きつけました。ドイツの権益をそのまま日本が引き継ぐことや、関東州（満州）での租借期間の延長、満州での権益保持などがその内容ですが、これに対し中国は憤慨し、反日ナショナリズムが高まりました。もし日本が中国にその権益を返還するなど宥和《ゆうわ》的な姿勢を示していれば全く違った結果になっていたでしょうが、逆にその「侵略」を引き継いだことから、中国の反日感情は激化しました。

この大戦中の大正六年（一九一七）、ロシアで社会主義革命が起こり、その後、皇帝一家はことごとく殺害されました。世界はこの新しいイデオロギーとどう向き合うか、考えさせられることになります。これは日本でも同じでした。

大正八年（一九一九）、ベルサイユ条約が結ばれ、第一次世界大戦は終わりました。この結果、民族自決の考え方が高まり、東欧ではフィンランドやポーランド、リトアニアなど、独立を果たす国が続出しました。これがアジアにも波及し、朝鮮では日本からの独立運動が起こり、中国では反日運動がさらに高まります。

また、この世界大戦中、特にヨーロッパでは壮絶な破壊や殺戮《さつりく》の現場となったことから、平和を求める声が高まりました。パリで開かれた講和会議において、アメリカ大統領のウィルソンは「国際連盟」の設立を提唱します。世界が一つになって世界平和と国際協調を進めていこうというものでした。

同年二月七日、国際連盟規約委員会で日本の牧野代表は画期的な提案をします。人種差別の撤廃を訴えたのです。しかし、議長をつとめたウィルソン大統領は全会一致でないことを理由に不採択にしました。日本が人種差別の撤廃を訴えたのは、アメリカでの日本人排斥問題に対処するためと、黄禍論への抗議の意味があったはずです。ウィルソンは稲造と同じ、ジョンズ・ホプキンス大学の出身でした。

当時、植民地を持っていた白人の列強国にとって、この「人種差別待遇の撤廃」は、いわば危険思想でした。植民地の独立など、許し難いものだったのです。

稲造はその後、昭和七年（一九三二）から翌年にかけてアメリカで日本文化に関する講義を行ないましたが、人種差別待遇撤廃の件については、次のように述べています。

「連盟規約中に〝人種平等〟条項を入れることを拒否したことが、日本では、国際連盟に関する世論に非常に望ましくない波紋を投げかけた。理想主義者たちが最も大きな被害者になった。彼らは、連盟が、自分たちの希望するような形で本当に良く機能するのかどうか疑いはじめた。皮肉屋グループは、この事件を取り上げて、これは連盟がまさに、あの西洋列強の〝神聖同盟〟のようなものを内心企図していて、まさかの時には日本にとって、よくないことがふりかかってくるという明白な証拠に他ならないと指摘した」

――『新渡戸稲造全集』第一九巻

「神聖同盟」とは一八一五年に結ばれた、キリスト教に基づく白人連盟のような組織です。当時、有色人種は劣等人種だと考えられていたのです。

この年の三月、稲造は後藤新平とともにヨーロッパ旅行に出かけました。第一次世界大戦で戦場になったこの地がどんな惨害をこうむったのか、確かめるためでした。すでに前年、東京女子大学の初代学長となっていた彼は、旅行中、思いがけない提案を受けます。

「我輩は大正八年九月、国際連盟がいまだ公然成立せぬ時入ったので、いわば連盟の歴史以前の人である。後藤子爵の一行と欧米視察の途に上り、英国に滞在中、ふとしたことから連盟の事務局に入らぬかとのノッピキならぬ勧《すすめ》を受け、九月に帰朝する予定の身を以て八月から入ったのである」　――『実業之日本』二八巻四号

稲造は国際連盟の事務局次長になります。そしてジュネーブに居を移し、国際平和のために力を尽くしていきました。特に、スウェーデンとフィンランドの間の領土問題を解決した「新渡戸裁定」は高く評価されました。

その後、大正一〇年（一九二一）にワシントン会議が開かれ、軍縮が話し合われました。また、この会議では中国の領土保全、門戸開放も成文化され、欧米列強は中国への介入を控えるようになります。結果として、日本だけが満州問題から手を引けず、それが疑念を呼んでいったのです。また、日英同盟が継続されずに終了し、日本の孤立感が深まりました。渋沢栄一は号泣したといいます。

こうした中、アメリカ連邦議会は排日移民法を可決しました。大正一三年（一九二四）のことでした。

この法律は正式には「移民割り当て法」といい、日本を標的にするとは書いてありませんでしたが、「帰化権のない外国人」には移民を認めないとあり、帰化権が与えられるのは白人と黒人だけになっていたこと、そして中国人の移民はすでに禁じられていたことから、日本人の排除を目的としたものであるのは明らかでした。

稲造は激怒します。もともとアメリカは移民の国であり、自由と平等を建国の理念に掲げていたはずです。この国の独立宣言には「すべての人間は平等に作られた」と書かれています。しかし、そのアメリカが特定の国民を差別したのです。稲造は「この法律が撤廃されるまでは二度とアメリカの土を踏まない」と誓いました。

考えてみれば、稲造が太平洋を渡ったのは、進んだ学問を身に付け、自由と民主主義を学ぶためでした。彼が、日本とアメリカの橋渡しになるという希望を抱いてアメリカのサンフランシスコに着いたのは、四〇年前のことです。

彼の妻はアメリカ人です。そして『武士道』を書いたのも、そのサンフランシスコから二百キロほど南に離れたモントレーという保養地でした。

稲造が国際連盟事務局次長を退任して日本に帰った時は、大西洋回りではなく、インド洋回りの航路を選びました。アメリカの土を踏みたくなかったからですが、帰国してみると、大正は終わり、昭和の時代になっていました。

燃えるような愛国者

日露戦争の結果、満州南部（関東州）に権益を得た日本は、資本を投じて開発を進めました。多数の開拓団が入植し、貿易関係、生活物資の流通・販売などの人員も現地に入りました。急速に近代化が進んだのです。

しかし、辛亥《しんがい》革命が起こり清が滅亡すると、中国人が長城を越えて満州に入って来ました。そして、これ以降、日中間でトラブルが起きるようになります。日本製品の不買運動や、列車妨害、日本人への襲撃が行なわれたりしたのです。

もともと中国人は満州を別の土地と考えていました。それは中国の革命家・孫文が起こした興中会の「駆逐韃靼《くちくだったん》、建立中華」というスローガンからもわかります。「韃靼」は本来、モンゴル（蒙古）のことですが、満州族が建てた清国に合流したため、実質的に「満州族」を指します。

しかし、同会が北京に本拠を置くようになると、満州を自国領と主張し始めました。満州は中国なのかどうかが問題となったのです。中国は「易姓革命」の国で、新王朝（国）ができると前王朝（国）がやったことは全否定するのです。それに対し、日本は「万世一系」の国で、基本的に引き継いでいくという進め方をします。不平等条約についても反故《ほご》にすることなく地道に努力して撤廃しましたが、中国は約束を守らず一方的に破るという態度に出ます。さらには、中国には「中華思想」があります。自分たちこそ世界の文化の中心であり、そこから離れていくに従って下等な人間世界になるという「華夷《かい》秩序」という考えを持っていました。東夷《とうい》、南蛮《なんばん》、西戎《せいじゅう》、北狄《ほくてき》という呼び名まで用意して蔑視《べっし》していて、日本はさしづめその「東夷」にあたります。その華夷秩序の下位にある日本が上位の中国に反逆していると考え、中国では日本人排斥が激しくなっていったのです。

この「中華思想」について、福沢諭吉は『学問のすゝめ』の初編に、こう書いています。

「シナ人などの如《ごと》く、我国より外に国なき如く、外国の人を見ればひとくちに夷狄《いてき》々々と唱え、四足にてあるく畜類のようにこれを賤《いや》しめこれを嫌い、自国の力をも計らずして、却《かえ》ってその夷狄に窘《くるし》めらるるなどの始末は、実に国の分限を知らず、一人の身の上にて言えば天然の自由を達せずして我儘放蕩《わがままほうとう》に陥《おちい》るものと言うべし」

日本が自ら武士の時代を終わらせて国を開き、欧米諸国に留学したり、お雇い外国人から子どものように西洋文明を学んだことと好対照をなしています。「天は人の上に人を造らず、人の下に人を造らず」と考える諭吉は「亜細亜《アジア》東方の悪友を謝絶」し欧米流に従うべきだという「脱亜入欧」を主張しました。なお、「シナ」という名前は、かの国を古代から現代まで通して述べるにふさわしい呼び方で、蔑称《べっしょう》ではありません。「中国」とは前述のように「中華民国」か「中華人民共和国」の略称でそれ以前にこの地にあった国を指す言い方としては適切ではありません。

昭和の時代に入り、日本人の移民はアメリカでは禁じられ、満州では中国と軋轢《あつれき》を生むなど、日本を取り巻く国際情勢は次第に緊迫の度を深めていきました。そんな中、緊張をやわらげ相互理解を進めようとする動きが出ています。明治末年に桜が果たした役割を、今度は人形に担《にな》ってもらおうというのです。

次はよく知られている野口雨情の「青い目の人形」です。

「青い目をしたお人形は
アメリカ生まれのセルロイド

日本の港に着いたとき
いっぱいなみだを浮かべてた
わたしは言葉がわからない
まいごになったらなんとしょう
やさしい日本の嬢《じょう》ちゃんよ
なかよくあそんでやっとくれ
なかよくあそんでやっとくれ」

まずは子供同士で仲良くしていこうという運動でした。大人になる前に友好親善の経験を積んでもらおうとしたのです。これは宗教家、シドニー・L・ギュリック博士の提言から始まり、日本のひなまつりに合わせて合計一万二〇〇〇体が太平洋を越えて贈られたのでした。昭和二年（一九二七）のことです。これに対し、日本からはお返しとして、振袖を着た「黒い目」の日本人形が同年のクリスマスに間に合うよう贈られました。この運動は「日本国際児童親善会」が進めましたが、この会を率いたのが「士魂商才」を唱えた実業家の渋沢栄一だったのです。すでに説明しましたが、彼は『論語』をもとにした「道徳経済合一説」を説き、「日本人は飽《あ》くまで、大和魂の権化《ごんげ》たる武士道をもって立たねばならぬ」と訴えていました。

なお、野口雨情の「青い目の人形」が作られたのは大正一〇年（一九二一）のことで、この歌は日米で人形を交換するという親善事業とは本来無関係だったのです。実際、日本に来た人形はセルロイド製ではありませんでした。

このあと両国は戦争に入り、互いに傷つけ合い、殺し合いをするようになります。この際、焼かれたり、傷つけられたりした人形も少なくなかったのですが、こうした中、大切に保管された人形もありました。悪いのは人形ではない、という考えでしょう。両国とも、真剣に平和を求めた人はいたのです。

当時、アメリカはすでに自他ともに認める世界の強大国となっていました。アメリカは第一次世界大戦で大いに潤《うるお》い、それまでのイギリスに代わって繁栄を謳歌《おうか》していたのです。そして日本も、大戦後は特需《とくじゅ》によって好景気となり、成金になる者が出てきました。戦争が不景気を振り払ってくれるという、待望論さえ出て来たのです。慢心と言っていいのかもしれません。

稲造が国連での仕事を終え、日本に帰ってきたのは昭和二年の二月でした。ということは、青い目の人形と同じ時期ですが、稲造は太平洋回りではありませんでした。「排日移民法」への抗議のためです。人形の交換は、彼が帰国するまで気付かなかった、太平洋をはさんだ両国の良心の交換だったのです。

昭和三年（一九二八）、中国はとうとう自分が不平等だと見なした条約を一方的に破棄するという「革命外交」を始めました。約束が約束でなくなったのです。

中国は開国した以上、外国人の居留を認めたことになり、義和団の乱を収拾した北京議定書で外国軍隊の駐留を容認したはずです。そして、日本の満州での権益は日露戦争と日清満州条約で確認されたはずですが、これが一方的に破られました。そればかりか、満州も中国の「不可分の領土」だとし、日本が侵略をしたなどと世界に訴え始めたのです。後の日中戦争の遠因はここにあります。

翌四年（一九二九）一〇月、アメリカの証券取引所で株価の大暴落があり、これが原因で世界恐慌に発展しました。世界全体が不況に見舞われ、日本経済も大打撃を受けます。加えて、東北地方を中心に凶作が続いたため、町には失業者があふれ、景気は低迷しました。希望を失なった人々は新天地を求めて海外へ渡ります。彼らが向かったのが満州でした。アメリカには「排日移民法」があったからです。しかし、満州では地元民とトラブルが頻発しました。さらに中華民国が北伐といって北方の軍閥と戦うようになると、中国人はこぞって満州に移住してきました。ここに移住の先陣争いが起こり、船を仕立てて乗り込む日本人は陸路で大挙移動する中国人にかなわなかったのです。年間百万人が長城を越えて満州に入ったとも言われます。中国人が多くなると、自然と「ここは中国」という意識が生まれてきます。加えて、清の時代の故地であったため、「不可分の領土」という考えが出てきました。

昭和初期、満州には、租借していた関東州を中心に約二〇万人の日本人がいました。しかし昭和六年の時点で、満州の人口は三〇〇〇万人以上になっており、日本人は割合としてはごくわずかでした。中国人に呑《の》み込まれた格好になっていたのです。そしてこの日本人を守るために、約一万人の関東軍が駐屯していました。こうした中、この軍隊が動き始めるのです。

発端は、昭和五年（一九三〇）のロンドン軍縮会議でした。日本の海軍は、補助艦の比率を英・米・日で10・10・7の比率になるよう希望したものの、実際には7ではなく6・975になったことを問題視し、政府のやり方を激しく糾弾しました。さらに、明治憲法に定められた天皇の統帥《とうすい》権を侵すものだと抗議したのです。戦前のこの憲法では、陸海軍は天皇が統帥すると書かれてあったからです。いわばこじつけですが、このわずかな瑕瑾《かきん》（キズ）から軍部は政治に介入し、制御がきかなくなっていきます。ポーツマス条約のあと、民衆が暴動を起こし日比谷焼き討ち事件を起こした熱気のようなものが軍を後押ししました。結局、これが終戦まで続くのです。

こうした軍部の暴走が現実になった最初の事件が、昭和六年（一九三一）の満州事変でした。

次は、それを伝えた昭和六年九月一九日付『東京朝日新聞』の号外です。

「十八日午後十時半、奉天郊外北大営の西北側に暴戻《ぼうれい》なる支那軍が満鉄線を爆破し我鉄道守備兵を襲撃したが、我軍はこれに応戦した。我軍側は午後十一時、直《ただ》ちに奉天の全駐在軍に対して出動準備命令を下し、十九日朝零時半、日本軍は遂に北大営を全部占領した。この日、北大営北側にて将校の指揮する三、四百名の支那兵が満鉄巡察兵と衝突した結果、つひに日支開戦を見るに至つたもので、明かに支那側の計画的行動であることが明瞭となつた」

「支那側の計画的行動」とありますが、実はそうではありませんでした。これは終戦後にわかったことですが、関東軍が自ら仕組んだ策略だったのです。つまり、爆破事件を相手のせいにし、それを口実に軍事行動を始めたのでした。『孫子の兵法』にある「上兵ハ謀《はかりごと》ヲ伐《う》ツ」（最高の戦略は謀略で勝つことだ）を地でいったものでしょう。関東軍は約一万人で、これで四〇万人といわれる地元の軍閥を討つ作戦でした。各地に割拠していた「軍閥」は、日本にいわせると「匪賊《ひぞく》」であり、つまりは軍装した盗賊や暴徒でした。この地に統一された政府はなかったのです。

満州は本来、万里の長城の外にある満州族の土地です。関東軍としては、日露戦争で手に入れた権益と、入植した日本人を守るため、難局を一気に解決させようとしたものでしょう。南からは中国国民党の勢力も迫って来ていました。日本を主体として、この満州の地に平和と秩序を持ち込もうとしたのです。しかしこの軍事作戦は、後に中国領土への侵略だとして非難されるようになります。

日本政府と軍中央部は不拡大方針を取りましたが、関東軍はそれを無視し、約五カ月で満州全土を占領しました。なお、「事変」とは宣戦布告のない軍事衝突のことをいいます。

稲造はこうしたことを知るよしがありませんでした。稲造は昭和七年一月一二日付『英文大阪毎日』の『編集余録』に、こう書きました。

「その地点（註・満州）に駐屯しているわが軍は、確かに迅速《じんそく》かつ勇敢に行動して、他の国々の賞賛を博し、国民の感謝と尊敬を得たのであった。しかし、その機敏そのものによって、世界の疑惑をかきたててしまったので、わが軍の取った行動の必要かつ正しかったことを世界に判ってもらうには、長年かかることであろう」

これより先、事変から一カ月後の昭和六年（一九三一）一〇月、中国の上海で太平洋問題調査会の会議が開かれました。稲造はひどい腰痛を押して出席します。上海に向けて出発した日（一〇月八日）の『編集余録』に、彼は次のように書いています。いわば、中国に向けたメッセージでした。

「自分自身の落度の結果で他を責めるのは、もっとも無益で臆病な仕業《しわざ》である。非難攻撃するまえに、自分自身を検討して、自分の苦しんでいる禍《わざわ》いは、自分が招いたのでないかどうか、また、本当に外からやってきたものかどうか、尋ねてみよう。……たしかに、あなたが今家の中で悩んでいることは、帝国主義のせいでも、治外法権のせいでも、不平等条約のせいでもない――あなた自身のやりそこないと欠陥のせいである」

「やりそこない」とは、国際ルールを無視したということでしょう。それによって、中国は自分の立場をますます悪いものにしていったのでした。
稲造はこのメッセージにより、日中間のトラブルについては、非は中国にあり、日本にはないと確信していたことがわかります。それは、彼が上海に到着してから書き送った「戦争のうわさ」という題の『編集余録』（昭和六年一〇月二四日）からもわかります。

「日本は気軽に戦争をするにはあまりにも不幸な経験をこれまで味わってきた。かりに日本が本当に好戦的だったら、その隣国から、こんなに長い間グズグズと中傷されて、辛抱しはしないであろう」

この「中傷」について、四日後の二八日の同じコラムにはこうあります。なお、文中の「居留地」とは会議が開かれた上海のことです。

「…いわゆる満洲での『日本の侵略』以来、ここ数週間ずっと居留地は、愛国的スローガンや反日ポスター攻めである。それらのスローガンやポスターは中国市民に『日本人を殺せ』『日本商品をボイコットせよ』『倭奴を中国から追い出せ』『日本人の心臓に刀を突き刺せ』などと煽動《せんどう》している」

日本はそれまでたびたび中国から中傷され挑発されながらも、協調外交と不拡大政策をとり、ひたすら隠忍自重《じちょう》していたのです。

一方、稲造は「世界に渡《わ》たる排日は我々の招く所が多い」とし、その原因について、「日本は別であると、いわゆる神国なるを誇る故に、それほど別な国なら己《おのれ》の方へ来られちゃ困る」という考えであると述べています。これは大正元年（一九一二）のことですが、このころからすでに、稲造は肥大化しつつあった日本人の自尊心に対し警鐘を鳴らしていました。

この昭和六年は大凶作の年でもありました。世界恐慌のため経済活動が沈滞していたところにこの不作が追い討ちとなり、加えて満州情勢が緊迫してきたことで、内憂外患といった事態に陥っていました。

翌昭和七年（一九三二）二月、稲造は愛媛県の松山で事件に巻き込まれます。

彼が講演のために松山市を訪れた時のこと、ある新聞記者に対し、オフレコ（記事にしないこと）を条件に語ったことが新聞に出てしまったのです。一カ月前に上海で、日本と中国の衝突事件（上海事変）があったばかりのころでした。

彼は、こう話したといいます。

「毎朝起きて新聞をみると、思わず暗い気持ちになってしまう。わが国を滅ぼすものは共産党か軍閥《ぐんばつ》である。そのどちらが恐いかと問われたら、今では軍閥と答えねばなるまい。軍閥が極度に軍国主義を発揮すると、それにつれ、共産党はその反動で益々勢いを増すだろう。共産主義思想はこのままでは漸次《ぜんじ》広がるであろう」

「私は、満州事変については、我らの態度は当然のことと思う。しかし上海事変に対しては正当防衛とは申しかねる」

本音でしょうが、これが問題だとして大騒ぎになりました。彼が満州事変について真相を知らなかったのはしかたがないにしても、上海事変で浮かび上がった問題点をよく理解していたのです。稲造はその後、「陳謝」させられることになりました。おそらく彼は命の危険を感じていたのではないでしょうか。当時は意に沿わない政治家へのテロ事件が頻発していました。

昭和五年一一月、浜口雄幸《おさち》首相が襲われ重傷。

昭和七年二月、日銀総裁・大蔵大臣を歴任した井上準之助が暗殺される。

同年三月、三井財団幹部の団琢磨が暗殺される。

このように、軍部を批判する言論は暴力で抑え込まれていったのです。

満州国の成立が宣言されたのはこの年の三月一日でした。関東軍は、この地を中国から切り離して独立させることで、諸問題の解決を図ったのでした。

稲造は昭和七年二月一九日の『編集余録』に、こう書いています。

「今、新しい国家が、満州人によって、博識な大統領にもほとんど知られていなかった荒野に建設されるのを見たとすれば、それほどウイルソン氏の歓《よろこ》びとすることはなかったろう。

満蒙国家は、張軍閥と匪賊が長年にわたる無秩序によって陥れていた荒廃と破壊の中から、突如として生まれ出た。（中略）

その国は中国から完全に独立するはずである。しかし中国自身はその分離を嘆くべきではない。新国家が成功し、繁栄し、一大国家となるなら、ちょうど英国が今アメリカ合衆国を誇りとしているのと同様に、中国はそれを誇りとして当然であろう。いかなる民族も、『偉大なる国民の〝母〟』となる以上の偉業を誇ることはできない」

稲造は満州国の成立を歓迎していました。秩序と安定をもたらしてくれるものと期待していたのです。「ウイルソン氏」は無論アメリカ大統領のことで、彼は国際連盟の創設を提唱していながら議会の反対のため同国自身が参加できなかったという憂き目をみていました。氏も満州に関心があったことがわかります。

しかし、中国は満州国を「傀儡《かいらい》」とか「偽満」などと非難し、日本の「横暴」を国際連盟に訴えました。「傀儡」とは操《あやつ》り人形のことです。

満州国は「王道楽土」や「五族協和」をスローガンにしていました。「五族」とは満・蒙・漢・日・鮮の各民族です。この国は日本軍の駐留を認めたほか、日本人が国の中枢部に顧問として入り指導することに同意しました。おそらく、一国としての独立をまっとうできるような人材が揃《そろ》っていなかったのでしょう。朝鮮にしろ満州にしろ、旺盛な独立心を持ち、自国のために一身をなげうつ覚悟のある「志士」が育っていなかったものと思われます。ここが日本との違いでした。福沢諭吉は、『学問のすゝめ』三編に「国中の人民に独立の気力なきときは一国独立の権義を伸ぶること能《あた》わず」と書きました。明治初年ですから、約六〇年ほど前のことです。

満州は、独自の歴史、文化、伝統、言語を持った満州族が暮らしていた土地です。

前王朝である明の末期の混乱に乗じて、わずか五、六十万、兵として動員できる数は十数万ぐらいのこの民族が中国本土を乗っ取ったのです。彼ら独自の文化としては、弁髪やチャイナドレスがわかりやすいでしょう。

この地で話されていた満州語は今ではほとんど消滅してしまいました。満州族もほぼ同化され、取り込まれてしまっています。ただ、清朝のラスト・エンペラーで満州国初代皇帝の「愛新覚羅溥儀《あいしんかくらふぎ》」という名前が、中国出自ではないことを物語っているくらいです。満州固有の文字もありましたが、これも今では使われていません。

清はアヘン戦争の後は敗戦につぐ敗戦で、二〇世紀に入ってからはほとんど国の体《てい》をなさなくなっていました。日露戦争の時も、日本・ロシアのどちらに対しても抵抗する力がなくなっており、戦争に勝った方に依拠するという形で国の存続をはかったのでした。

松山事件の二カ月後の四月、稲造はアメリカへ向かいます。「二度とアメリカの土は踏むまい」と誓っていた彼でしたが、「排日」の国で平和を説こうと決意したのです。「やむにやまれぬ大和魂」だったのでしょう。彼は太平洋問題調査会理事長という立場でしたが、もしかしたら日本でテロに遭《あ》うことを避けるという意味もあったのかもしれません。

太平洋を越えてアメリカに着いた稲造は、フーバー大統領と会見したほか、ラジオで演説をしたり、全米各地での百回を越える講演、そしてカリフォルニア大学で一〇週間にわたる連続講義をして、日本の立場を説明しました。

次はカリフォルニア大学での講義の一部です。


「（日中間の）紛争の真因は、さまざまな規約や条約の規定の下に確立され、世界の全列強諸国が承認した日本の満州におけるこれらの条約権益そのものを、中国が否認しようとしているところにある。この試みを遂行するためには、中国人は、日本人居住者を困らせたり、日本人の事業を妨害したり、できることなら、なんでもやりかねなかったのである」


こうして稲造は日本の立場について理解を求めましたが、アメリカの反応はかんばしいものではありませんでした。結局、日本とアメリカの双方から厳しい目で見られることになってしまいました。

稲造がアメリカにいた昭和七年（一九三二）五月一五日、日本でクーデターが起きます。海軍の青年将校が首相官邸を襲い、満州国承認に消極的であった犬養首相を殺害したのです。反乱軍は「話せばわかる」と言った首相を「問答無用」と叫んで切り捨てたといいます。いわゆる五・一五事件ですが、これ以降、軍に対して物が言えなくなってしまいました。軍人が国を牛耳るようになってしまったのです。

稲造は色紙にこう書いています。

「国を思ひ世を憂《うれ》うればこそ何事も忍ぶ心は神ぞ知るらん」

また、福沢諭吉は『学問のすゝめ』の十一編に、こう書いていました。

「兵隊が政《まつりごと》を議して自ら師《いくさ》を起し、文官が腕の力に負けて武官の差図に任ずる等のことあらば、これこそ国の大乱ならん」

これはいわゆるシビリアン・コントロール（文民統制）のことで、福沢諭吉は約六〇年前、すでにこうした事態をおそれ警告を発していたのでした。

一方、建国宣言の翌月、国際連盟は中国の訴えに基づき、満州国の実体を調べるため、リットン調査団を派遣しました。

日本は調査団の報告書が出る前に満州国と日満議定書を取り交わし、同国を承認したほか、日本の既得権益と日本軍の駐屯を認める手続きを取りました。

しかるに八カ月後、調査団が出した報告書の要点は次のようなものでした。

・日本軍の軍事行動は正当な自衛手段ではない。
・満州国は民族の自発的な独立運動で出来たものではない。
・満州における日本の特殊権益は認める。

翌昭和八年（一九三三）二月、国際連盟の総会が開かれ、日本軍の満州からの撤退と満州国承認の取り消しを求める決議がされました。賛成四二、反対一、棄権一という大差でした。日本全権の松岡洋右《ようすけ》はこの決議に納得せず、会場から退場しました。実は、本人は絶対に脱退しないつもりで会議に臨んだといいますが、一時間二〇分も英語で演説をするうちに気持ちがたかぶり、とうとう各国代表が見守る中、堂々と席を立ったということです。こうして日本は、国際連盟から脱退しました。

ここが運命の分れ道でした。調査団の報告は日本に宥和《ゆうわ》的な面もあったからです。しかし国際協調路線から逸脱したことで孤立感は深まり、他国から警戒されることになりました。おそらく日本としては、満州という土地との関わり方について主権を侵害されたと感じたのでしょう。無論、日本にとって満州は中国（中華民国）ではありませんでした。満蒙は、世界恐慌後の日本を中心とした東アジアブロック経済圏を構成するという意味でも「日本の生命線」だったのです。

稲造は昭和八年六月六日の『編集余録』に、こう書いています。

「どれほど強調してもし足りないくらいだが、日本の国際連盟脱退は、日本が世界平和に無関心になったとか、連盟の原則に挑戦をするとかいう意味ではない。連盟は人間の作った組織であって、人間につきものの脆弱《ぜいじゃく》さを避けられない。満洲問題の処理に当たって、連盟は重大な誤りを犯してしまった。だがこのことは、連盟が役に立たぬとか、望ましくないとかを必ずしも証明してはいない。連盟は世界平和維持のために、また国際協力実現のために、最も有用で最も望ましい制度である。

連盟はやがて自分の誤りに気づき、その規約を修正するか、日本がその中に留まれるような規約の解釈を行うことであろう」

稲造は国際連盟の方が間違っていると感じていました。日本の権利は国際条約で認められたもので、それを列強各国が承認していたからです。約束を破ったのは中国の方だと思っていました。しかし同時に、日本の軍国主義について懸念を抱いていたのも事実です。それは本人が次のように述べていることでも確認できます。

「戦雲が水平線に重く垂れ込めようとも、平和の天使の翼がこれらを吹き払ってくれることを信じよう。世界の歴史は『優しき者が地を受け継ぐ』という予言を確信しうるものである。平和という生まれながらの権利を売り渡し、産業振興の前線から身を引いて侵略主義の戦列に加わるような国民は、まったく馬鹿げた取り引きをしているのだ」　――『武士道』第一七章

「軍人は国を護《まも》るべきものであるのに、自己の名誉利益のために戦争を好み、またはこれを起こさんとするものがある」　――『修養』第二章

「自分の一身を顧《かえり》みず、道のために動く人がなければ、国は愛国者と称するデマゴーグの口に乗せられて、国運の傾くのを寧《むし》ろ助けるような始末になる虞《おそれ》がある」　――「真の愛国心」

「他国の領土を掠《かす》め取り、他人を讒謗《ざんぼう》して自分のみが優等なるものとするは憂国でもなければ愛国でもない」　――「同」

『武士道』は明治三三年（一九〇〇）、『修養』は明治四四年（一九一一）、「真の愛国心」は大正一四年（一九二五）に発表されました。稲造はサムライの子供たちが招いた苦境を見透かしていたかのようです。

稲造はアメリカで約一年を過ごし、日本に帰って来たのは昭和八年（一九三三）三月のことでした。帰国の三日後、日本は国際連盟を脱退しました。

彼は生まれ故郷の盛岡を訪れた後、三本木町（今の十和田市）に足を運び、町内の太素《たいそ》塚で祖父の墓参りをしました。このころすでに体調が思わしくなかった彼は、あるいはこれが最後という思いだったのかもしれません。地元紙『東奥日報』昭和八年一〇月一八日号は「自分の骨はぜひこゝの太素塚に埋《う》めてくれと云《い》ひ残した」という博士の言葉を載せました。

八月、稲造は第五回太平洋問題調査会に出席するため、太平洋を越えてカナダのバンフに向かいました。二週間ほどの船の旅です。

途中、激しい腹痛を起こしながらも、なんとか会場に着いた稲造は開会式で生涯最後の演説をします。それは、国際的に不寛容さが増大していること、列強諸国がブロック経済に進もうとすることへの警鐘でした。なお、演説文中の「不利な地域」

とは「資源を持たざる国」のことです。

「経済的な自給体制の傾向を極端に押し進めて行けば、本来、不利な地域にある国々の心情としては、自らの経済的保全の唯一の道はなんらかの手段を講じて外国領土を自国の政治的活動範囲に入れて、彼ら自身の経済ブロックを設定するしかない、ということになる。そして、もしこの方策が再び論理的な結論通りに遂行されるとしたら、結局、世界は多くの孤立した陣営に分断され、そのことから起こる紛争から、遅かれ早かれ、人類にとっての大災害（戦争）が引き起こされることになるであろう。（中略）地球上に広範囲にわたる領土をもつ列強諸国は、世界の他の地域の国々に対して独特の義務というものを持っていないのであろうか？　これら列強諸国の国内政策は、もはや彼らだけの関係にとどまらず、当初表面に見えたものより、はるかに大規模な範囲にわたって、他の国々の利害関係にまで影響を及ぼしているのである」

稲造はこれから起こる「大災害」のことを実に的確に予想していました。

そして直面している日中の問題について、こう述べて演説を終えました。

「これから始まる友情に満ちた数週間の会議が、共通の遺産と文化と伝統をもつ日中両国民にとって究極的な和解への道を招くことにはならない、と誰が言うことが出来ようか？　議論や討議は、むろん重要である。しかし、違った国々の国民同士が個人的に接触することが、かくも多くの苦悩にみちた今日の世界にあって、測り知れないほどの良好な結果を生むことにはならないであろうか？

したがって、この地球上の全世界の人々が親密に接触することにより、いつの日か、ゆっくりとではあっても、激情ではなくて理性が、自分の利益ではなくて正義が、全世界の民族と国家のための仲裁人になる日が来ることを希望するのは、過大な望みというものであろうか」

二週間の会議を無事おえると、稲造は病に倒れ、病院に入院します。その後、一〇月一五日午前九時に開腹手術を受けましたが、この日の午後八時三五分、ついに帰らぬ人となったのです。偉大な平和主義者（pacifist）であり、クエーカー教徒でもある、サムライの死でした。

ウィルソン大統領の下で内務長官の職にあったジョン・ベーン氏は、次のような追憶談を発表しました。

「新渡戸博士は非常に偉大なる人格者であって、その為《な》し遂げた大事業は国際的に有名であり、且《か》つ多大の尊敬を受けて居る。博士の死は実に日米親善関係のため甚《じん》大《だい》な損失である」

――昭和八年一〇月一八日『東奥日報』

稲造の遺骨は、本人が「橋になり度と思ひます」と言った太平洋を越え、一一月一六日に横浜に到着。葬儀は二日後の一八日に青山斎場で行なわれました。

葬儀委員長は、札幌農学校で一年先輩だった同郷の佐藤昌介でした。

また、同輩で植物学者として大成していた宮部金吾は「故新渡戸稲造氏の経歴」を紹介し、挨拶《あいさつ》の最後を次のように締めくくりました。

「新渡戸君は偉大な国際人でありました。しかし新渡戸君は、それ以上に偉大なる日本人でありました。新渡戸君の真価は燃えるような愛国者であったことにあります。今日のような国歩嶮難《こくほけんなん》の日に新渡戸稲造君を失ふことを、一個の日本人として私は心の底から悲しみ悼《いた》むのであります」

第四章　その後の武士道

大和島根に花薫るとき

第一次世界大戦で戦場とならなかったアメリカは、灰塵《かいじん》と化したヨーロッパ各国を後目《しりめ》に「永遠の繁栄」を享受《きょうじゅ》していました。しかし、昭和四年（一九二九）一〇月二四日のニューヨーク株式市場の大暴落で一気に地の底に落ちました。そしてこれが関係各国に波及し、世界恐慌となったのです。

この不況を乗り切るため、資源を持っている国は仲間うちだけでそれを流通させ他国に渡さないようにしたり、とてつもなく高い関税をかけ自己防衛をはかったりしました。前者の代表がイギリスで、植民地の中だけで取り引きをするようにし、後者の代表はアメリカで、ホーレー・スムート法をつくり、輸入品には最低でも一

○○パーセントの関税をかけるというものでした。これでは貿易が成り立たず、資源のない「持たざる国」は大変です。当時は自国が良ければ他国はどうなってもいいという「不寛容」の時代でした。そして資源が武器となり戦争の原因にもなるということも明らかになりました。稲造が危惧《きぐ》していた通りになったのです。

「持たざる国」は国家が経済を統制するようになり、それがやがて社会主義や国家主義に発展しました。ドイツやイタリア、そして日本もこれにあたります。

このころ満州や中国国内の日本人居留地では、日本と中国の争いが続いていました。日本は国際条約に基づいた行動だと訴えていたのに対し、中国は日本から侵略を受けているとして、盛んに攘夷つまりは排日運動をしていたのです。

このことについては、稲造が昭和七年（一九三二）五月八日にアメリカで行なったラジオ講演「日本と国際連盟」の次の一節でわかります。

「これまでの連盟の活動の歴史の中で、日本が主役として注目を浴びるような議題は、なにもなかった。この記録は、中国が日本を相手どって連盟に提訴したことで、突然、破られた。中国が、なんらの挑発行為も行わなかったにもかかわらず、日本が中国の領土に攻撃を仕掛けたから、連盟に保護してもらいたいという要請である。

しかし、連盟が以下に述べるような詳細な情報を持たぬままに行動を起こしたことは、不幸なことであった。つまり、実情は、十年以上にわたって数多くの中国側からの挑発行為があったということと、それが、満州駐在の日本軍に直接行動を取らせるのを促進した、ということである」

中国が日本から侵略を受けたと言っている主張は、稲造によれば、まったくのデタラメということになります。稲造は「支那人は宣伝がもっとも得手《えて》であり、反対に日本人はもっとも下手である」とも述べています。武士道は「能弁」を重視せず、不平不満を言わない忍耐を良しとしたのです。武士道の弱点でした。

中国から挑発されて起きた事件として大きなものは、済南《せいなん》事件（昭和三年）、万宝山事件（昭和六年）、成都事件（昭和一一年）、北海事件（昭和一一年）、ほかに漢口事件、綏遠《すいえん》事件などがあげられます。中国としては、自らを中心とした華夷秩序に反旗をひるがえすばかりか西欧列強に伍して上国のように振る舞う日本が許せなかったのでしょう。儒教の精神からすると、自分を善だと思い込めば、つまり相手は不善であり悪でもあるので、その悪を討つことが正義ということになります。正義は、用心してかからないと、独善と偽善に帰着します。

結果、日本は国際連盟を去ることになりました。これにより、国際協調路線から離れて孤立し、日本の立場を悪いものにしてしまったのです。

昭和一一年（一九三六）、二月二六日、陸軍の青年将校ら一、四〇〇人が首相官邸や警視庁などを襲い、大臣などを殺害するというクーデター事件が起きました。農村部の疲弊を背景に、政財界を打倒して国家体制を一新しようとしたものでした。いわゆる二・二六事件です。これは三日で鎮圧されましたが、これにより、実力組織である軍隊が自らのかかげた「正義」のため、何をしでかすかわからないという世の中になってしまったのです。

そして翌一二年（一九三七）七月七日の夜、北京郊外の盧溝橋《ろこうきょう》で事件が起こりました。翌八日の『読売新聞』号外は、「北支、北平郊外で／日支両軍交戦」という見出しを掲げ、次のように伝えました。「北支」の「支」は支那、「北平」は北京のこと。記事中の「芦溝橋」は「盧溝橋」のことです。

「（北支特電八日発）八日午前零時頃、我が駐屯部隊が北平郊外芦溝橋附近に於て夜間演習中、芦溝橋駐屯の第廿九軍第卅七師（師長馮治安）二百九団の一部が不法にも数十発の射撃を加へた。我が軍、豊臺駐屯部隊出動し、双方待機中、八日午前四時廿分、支那側は再び不法射撃を加へ来り。俄然《がぜん》形勢重大化し、我が軍も遂に火蓋《ぶた》を切り機関銃追撃砲にて交戦中。銃砲声は遥か北平城内まで殷々《いんいん》と響いてゐる」

この第一砲は日本側のものではなく、今では中国共産党の策略であったと考えられています。日本が対峙《たいじ》していたのは中国国民党でしたが、夜陰にまぎれ、互いに争わせようと仕向けたもののようです。当時、中国では統一された政府がなく、いわば内戦状態でした。この事件は後に「支那事変」と呼ばれます。

現地ではほどなく停戦協定が結ばれ事件の不拡大がはかられましたが、同月二九日にまたしても事件が起きます。北京から遠くない通州という町でのことでした。

「去月二十九、三十日の通州事件に対し、支那軍の行える残虐ぶりは実に言語に絶し、見るものをして目を蔽《おお》わしめ、神人ともに許さざるところであるが、わが居留民およそ三百八十名中、守備隊に収容されたるもの男女百三十五名にして…目下の見込みではわが居留民の死亡者は百八十名ないし二百名を突破するもののごとくである。叛乱《はんらん》保安隊（二十九軍の一部が混じているのは確実）は、日本人は婦女子に至るまで全員を惨殺すべく企図し、女子の大部分はこれを拉致し一昼夜に亘《わた》り暴行を加えたる後惨殺し、或いは鼻に針金を通し、或いは手足を縛《しば》って東門外にひきずり行く等、人をして想像もなし得ざる残虐を行いたる後、これを殺害して池に投げ棄て、または顔面に毒薬を塗布する等、洵《まこと》に鬼畜ならでは行い得ざる暴虐をつくした。加うるに死者及び日本人家屋より掠奪を行い、見る影もなく荒らされている」

——昭和一二年八月五日付『中外商業新聞』（夕刊）

「叛乱保安隊」とは日本人を守ることを任務としていた中国人部隊で、これが逆に襲ったのです。まさに禽獣でした。最終的な日本人の死者は、幼児一二名を含む二二三名にのぼっています。

これでも日本は自重しました。しかし八月九日、上海で二人の日本人将兵が射殺される事件が起こり、続いて一三日、同じ上海の租界内にある日本人区域に銃撃や砲撃があったため、ついに日中全面戦争が始まったのです。居留民の保護のためのわずか五千人の海軍の陸戦隊に、蒋介石は五万人の総攻撃を命じました。上海の租界には多数の外国人が居住していて同じく被災しており、一部始終を実際に見ていたため、これで自らの正しさは十分担保されると判断し、堪忍袋の緒を切らしたのです。稲造は『武士道』の第八章に「多くのサムライは侮辱に対してただちに怒り、死をもって報復した」と記しました。おそらく、こうした経緯だったのでしょう。日本は「暴支膺懲《ぼうしようちょう》」のため、戦争に訴えて世の道理を認めさせることを目的に、中国に「参った」をさせようとしたのでした。「暴支」は「暴虐な支那」、「膺懲」とは「懲《こ》らしめる」ことです。大陸に「国際法」という正義が布《し》かれることが、日本にとっても中国にとっても望ましく必要なことだと考えていたのでしょう。ただ、このとき日本は国際連盟を脱退しており、援護または支持してくれる国がなかったのです。

この年、稲造の教え子であった矢内原忠雄は政府の植民地政策を批判して東京大学を追われました。彼は稲造の影響を受け、現地のために尽くす植民政策を訴えていたのですが、これが受け入れられなかったのです。彼はこの翌年、稲造が書いた『武士道』の和訳本を出版しました。

その後、昭和一五年になってのことですが、矢内原は自著『余の尊敬する人物』の中で、こう書いています。

「(新渡戸)博士の死後、満州事変は支那事変にと拡大しました。事後処理とその後に来る困難に処して行くには、博士の残した精神こそ日本国民の最も必要とするところでありましょう」

この「支那事変」は、盧溝橋事件に始まる日中戦争のことですが、「博士の残した精神」が生かされることはありませんでした。

日本はこの戦争において、中国（中華民国）の首都である南京を陥落させれば相手は降伏し、戦争の目的は達成されると見ていましたが、中国は都を奥地の重慶に移し、抗戦を続けます。また、この南京陥落の時、日本は中国人三〇万人を虐殺したと中国（中華人民共和国）は主張していますが、当時南京にいた世界各国の記者は誰一人、この〃事実〃を伝えていません。後の東京裁判で突如出現するのです。

日本は、昭和一三年（一九三八）一月一五日、対支那新方針を発表しました。

「帝国は南京攻略後なほ支那国民政府の反省に最後の機会を与ふるため今日に及べり。然《しか》るに国民政府は帝国の真意を解せず濫《みだ》りに抗戦を策し、内民人塗炭《とたん》の苦しみを察せず、外東亜全局の和平を顧《かえり》みるところなし。よつて帝国政府は爾後《じご》国民政府を対手《あいて》とせず、帝国と真に提携するに足る新興支那政権の設立発展を期待し、是《これ》と両国々交を調整して更正新支那の建設に協力せんとす。元より帝国が支那の領土及び主権並に在支列国の権益を尊重するの方針には毫《ごう》もかはるところなし。今や東亜平和に対する帝国の責任いよ〱重し。政府は国民がこの重大なる任務遂行のため一層の発奮を冀望《きぼう》して止《や》まず」　――昭和一三年一月一六日付『読売新聞』号外

「支那の領土及び主権並に在支列国の権益を尊重する」とあります。これが侵略なのでしょうか。ここまで明言していながら、デタラメだったのでしょうか。

日本は以後八年にわたって、中国との戦争という泥沼に入り込んでいきます。

翌昭和一四年（一九三九）九月、ドイツがポーランドに攻め込んで第二次世界大戦が始まりましたが、その二カ月前、アメリカは日本に日米通商航海条約の破棄を通告してきました。中国国民党を支持していたアメリカは、日本への軍事物資、特に石油の供給を制限するという手段に出たのです。「持たざる国」日本は資源を求めて東南アジアに進出せざるを得なくなりました。しかし東南アジアはすでにイギリス、アメリカ、フランス、オランダが植民地として支配しており、ここにあらたな摩擦が生じました。これらの国は自国と植民地で一つのブロックを作り、その域内での取り引きで世界恐慌による経済不況を乗り越えようとしていたのです。

日本は、自らを盟主としたアジア経済ブロック構想を打ち立てます。これが「大

東亜共栄圏」です。こうして、アメリカ（America）、イギリス（Britain）、中国（China）、オランダ（Dutch）という、日本を取り巻くＡＢＣＤ包囲網が形成されました。白人のアジア支配に挑戦する有色人種を叩きつぶそうとしたのです。日本にとって満州は、開拓地であるとともに経済ブロックの一端と考えられました。当時、「満蒙は生命線」とまで言われ、引くに引けなかったのです。

大陸での戦闘は膠着《こうちゃく》状態に陥っていました。日中が交戦していたのは盧溝橋事件から武漢陥落までの一年余りで、その後は親日の南京政府、中国国民党（蒋介石）の重慶政府、共産党（毛沢東）の延安政府の三つ巴《どもえ》の状態でした。国民党にはアメリカとイギリスが、共産党にはソ連が後ろ楯《だて》になって武器や物資を援助しました。いわば代理戦争です。イギリスの援助は大陸での権益拡大を目指したものでしたが、これは日英同盟が終了したため可能になったのです。こうして西欧列強が中国国民党を支援したことにより、日本は中国に「参った」をさせられなくなったのです。

昭和一六年（一九四一）四月から、緊張をやわらげるため、日米交渉が始まりました。しかし、なかなか進展しませんでした。そんな中、七月に日本軍が南部仏印へ進駐したため、逆に緊張は高まりました。「仏印」は「仏領印度支那《インドシナ》」で、今のベトナムを指します。当時はフランスの植民地だったのです。

この仏印進駐は、ヨーロッパでフランスがドイツに敗れたことを背景にしており、中国国民党への援助物資の輸送ルートを断つという意味がありました。日本と対立する列強は陰で物資を送り中国を援助していたのです。中国はこうした援助がなければ戦いを継続することができませんでした。

アメリカは、この仏印進駐を見て、在米日本資産の凍結と対日石油輸出の全面禁止を決めました。石油がなければ、戦争はもとより、日本という国の存続に重大な支障が出てきます。なんとか日本はアメリカとの交渉で苦境を打開しようとしますが、アメリカはのらりくらりと先伸ばしするばかりでなかなか進みません。日本としては、ただでさえ中国との戦争が長引いている折り、なんとか妥協できるところは妥協して日米戦は避けるつもりでいたのですが、アメリカは強硬でした。

当時の日本の石油消費量は、軍民合わせて約三七〇〇万バレルで、その約八割をアメリカからの輸入に頼っていました。他の約一割は蘭印《らんいん》（オランダ領東インド諸島）から輸入していたのです。当時、中東の石油は未開発でした。また、日本国内の生産量はわずか一九〇万バレルで、必要量の五パーセントでした。

日本は蘭印に交渉して石油を確保しようとしますが、ABCDのDがオランダですから当然断られました。このままでは二年で石油が日本になくなり、国の存立が立ち行かなくなります。もし戦争をすれば半年分でしかありません。そこでなんとかアメリカとの交渉をまとめようと努力したのですが、一一月二六日に手渡されたアメリカの国務長官ハルの文書（通称ハル・ノート）はひどいものでした。

アメリカは、日本が中国から全面的に手を引くことを求めてきたのです。アメリカは中国国民党を支持していましたから、この場合の中国には満州も含まれました。この地は、日露戦争で日本が多大の犠牲を払って権益を得、清は条約を結んでそれを認めたはずですが、返せというのです。当然ここには多額の投資がされており、二〇万人以上の日本人が住んでいました。そして大いに近代化を遂げ発展していたのに、中国がそれを言うのならともかく、今まで日本が何ら敵対行為をしていなかったアメリカから石油を止めた上で脅されたのです。アメリカはポーツマス条約の仲介をし、日本の権益を認めていたはずでした。

このハル・ノートを見た東郷茂徳外相は「目もくらむばかりの失望に打たれた」と述べています。この人物はもともと朴茂徳《パクムトク》という韓国人でしたが、それでは日本が言われた通り中国から身を引けば禁油はすぐに解除されるかというと、そうではなく、解除に向けて話し合いを始めるといったものだったのです。日本はこれを最後通牒《つうちょう》と見なし、この苦境を打破するためには戦争やむなしと判断したのです。

当時の永野修身《おさみ》軍令部総長は次のように述べたとされます。彼は戦後、巣鴨《すがも》プリズンに収監中、獄死（病死）しています。

「戦わざれば亡国と政府は判断された。戦うもまた亡国であるかも知れぬ。戦わざる亡国は魂まで失った亡国であり、最後の一兵まで戦うことによってのみ死中に活を見出し得るであろう。勝たずとも、護国に徹した日本精神さえ残れば、我らの子孫は再起、三起するであろう」

座しては死を待つのみ、となれば一戦も交えずに降参することなどできませんでした。われこそ正義と思っていたからです。「劣等国と見下されることに耐えられない名誉心」が許さなかったのです。

「かくすればかくなるものと知りながら　やむにやまれぬ大和魂」

という思いだったのではないでしょうか。

明治初年のこと、福沢諭吉は『学問のすゝめ』の初編に、こう書いていました。

「道のためには、イギリス、アメリカの軍艦をも恐れず、国の恥辱とありては日本国中の人民一人も残らず命を棄てて国の威光を落さざるこそ、一国の自由独立と申すべきなり」

戦争に追い込んだものは何だったのでしょうか。

中国の中華思想がまずあげられます。自分たちが一番で、他は夷狄《いてき》（野蛮人）とみなす考えが排日・侮《ぶ》日の暴力行為や革命外交に走らせました。一方、アメリカは黄禍論《こうか》から、有色人種である日本が大陸に進出し権益を独占してアジア帝国を作るのを阻止しようとしました。イギリスやフランス、オランダはブロック経済を確保するため植民地を奪われまいとしました。では日本はといえば、二十一カ条の要求で不平等条約を押し付けたと中国に見なされたことが失敗の発端でしょう。それに、文民統制（シビリアン・コントロール）が効かなくなったことと、大衆が国粋傾向に傾き、テロで政治家を暗殺するなど、民主主義が機能しなくなったことなどがあげられます。自らの正義をいくら訴えたところで、国際連盟から脱退していた以上、なかなか聞いてはもらえませんでした。

もともと、大陸で中国から排日運動を受け戦いを始めた日本でしたが、石油などの資源を手に入れる必要があったからでしょう、日本は白人がアジアの有色人種を植民地支配している現状をひっくり返すことを戦争目的にしました。いわば「東アジア解放戦争」です。日本はその正当性を「悠久《ゆうきゅう》の大義」と呼びました。

日米戦争は昭和一六年一二月八日に始まりました。日本海軍がハワイの真珠湾にあるアメリカ太平洋艦隊の基地を奇襲したのです。これが宣戦布告の前に行なわれたため、「だまし討ち」だとか「リメンバー・パールハーバー」だとか言われましたが、当時の公文書が公開されたことで、実はアメリカは事前にこれを察知していたばかりか、むしろ実態は、日本に第一撃を打たせるよう誘導したことが明らかになってきました。あのハル・ノートの強硬姿勢はそのための挑発だったようです。

当時、ヨーロッパではドイツが戦線を拡大しており、イギリスは青息吐息でした。そこでイギリスのチャーチルはアメリカのフランクリン・ルーズベルトに参戦を促していたのですが、ルーズベルトは大統領選挙の際、「参戦しない」と公約して当選したという事情がありました。アメリカもドイツの勢いを危惧しており、もし日本がアメリカに戦いを挑めばアメリカは表向きは不本意ながら応戦するという形で戦争に加わり、それを機に戦時同盟の規定でアメリカはドイツと戦うことができるという筋書きでした。フランクリン・ルーズベルトは、ポーツマス条約の締結に尽力したセオドア・ルーズベルトの義理のいとこにあたります。

日米開戦の発端については、真珠湾攻撃の前に、日本の空母艦隊がハワイに向かっているという注意喚起がオーストラリアからあったことが明らかになっています。また、陸軍長官だったスティムソンの日記には、攻撃の二週間ほど前の一一月二五日に大統領を交えた会議があり、「どのようにして、わが国にさほど甚大な危険を招くことなく、やつら（日本）が最初に発砲するよう誘導するか」が討議されたとあります。このとき、大統領は「早ければ次の月曜（一二月一日）にも日本から攻撃される公算が高い」と見ていたともされます。だとすれば、結果的にいって、アメリカは二、四〇〇人以上の自国の若者の命と引き換えに、参戦のための大義名分を得たということになるのです。これが戦争の現実です。

昭和天皇の宣戦布告の大詔には「米英両国ハ残存政権ヲ支援シテ東亜ノ禍乱ヲ助長シ、平和ノ美名ニ匿《かく》レテ東洋制覇ノ非望ヲ逞《たくまし》ウセントス」とか「帝国ハ今ヤ自存自衛ノ為、蹶然《けつぜん》起ツテ一切ノ障礙《しょうがい》ヲ破砕スルノ外《ほか》ナキナリ」とあります。

しかし、アメリカは国民総生産で日本の一二倍、石炭は一〇倍、鉄は二〇倍、石油は七〇〇倍の生産量を持っていました。これで日本は戦いを挑んだのです。「勇」をふるったということかもしれません。ハル・ノートの脅しに屈して国策を変えることは主権の放擲《ほうてき》であるばかりか、自ら進んで相手の意のままになることだと考えたのでしょう。あるいは稲造が第一六章に書いたように、「劣等国と見下されることに耐えられない名誉心」、または名誉心の「病的な行き過ぎ」がもたらした不幸だったのかもしれません。しかし、それ以上に、ハル・ノートの度はずれた高圧性の方が問題であったとする見方も否定できないのではないでしょうか。

おそらく日本としては、アメリカ海軍を打ち破ったのち、自国に有利な形で和議を結ぼうとしたのでしょう。満州国の承認や石油の解禁、中国国内での邦人保護などがそれだと思われます。アメリカ全土の征服または侵略だとは思われません。日本はこの戦争を「大東亜戦争」と命名しました。

日米戦が始まったときアメリカがまず行なったのは、一二万人以上の日系人を国内の収容所に閉じ込めることでした。しかし日系とは言え、多くはアメリカで生まれアメリカで育ったアメリカ市民でした。何ら罪を犯していないのに、ただルーツが日本にあるというだけで、すべての財産を奪い人権を蹂躙《じゅうりん》したのでした。日本を憎み恐れていたのです。〝危険な有色人種〟だったからでしょう。

戦況は当初、日本に有利に展開しました。昭和一七年（一九四二）二月にはシンガポールが陥落。イエスかノーかで迫った山下奉文《ともゆき》中将に降伏したのはイギリス軍のパーシバル中将でした。ここはイギリスの植民地だったのです。また、フィリピンやジャワ、ビルマなどでも、日本はそれぞれアメリカ、オランダ、イギリスを破り、一時的であれ、これらの地域を植民地支配から解放したのです。

しかし同年六月、ミッドウェー海戦でアメリカ軍に決定的に敗れたことから戦局は不利となり、昭和一九年（一九四四）には本土空襲が始まりました。翌二〇年三月一〇日には東京大空襲があり、約三〇〇機のB29が一、六六五トンの焼夷弾を投下して一般市民約八万人が死亡しています。この日は奉天会戦で日本が勝利した陸軍記念日でした。むろん、日付を合わせて爆撃したのです。

四月には沖縄戦があり、五月には同盟を結んでいたドイツが降伏。日本の敗勢が決定的になりました。七月には日本に向けて、アメリカ・イギリス・中華民国の三者が共同で戦争集結の条件を示したポツダム宣言（共同宣言）が発表されました。

八月に入り、アメリカは六日に広島、九日には長崎に原子爆弾を投下しました。無辜《むこ》（罪のない）の一般市民を大量虐殺したのです。広島では一一万以上の人が、長崎では七万以上の人が殺されたといいます。また、ソ連は八日に日ソ中立条約を破

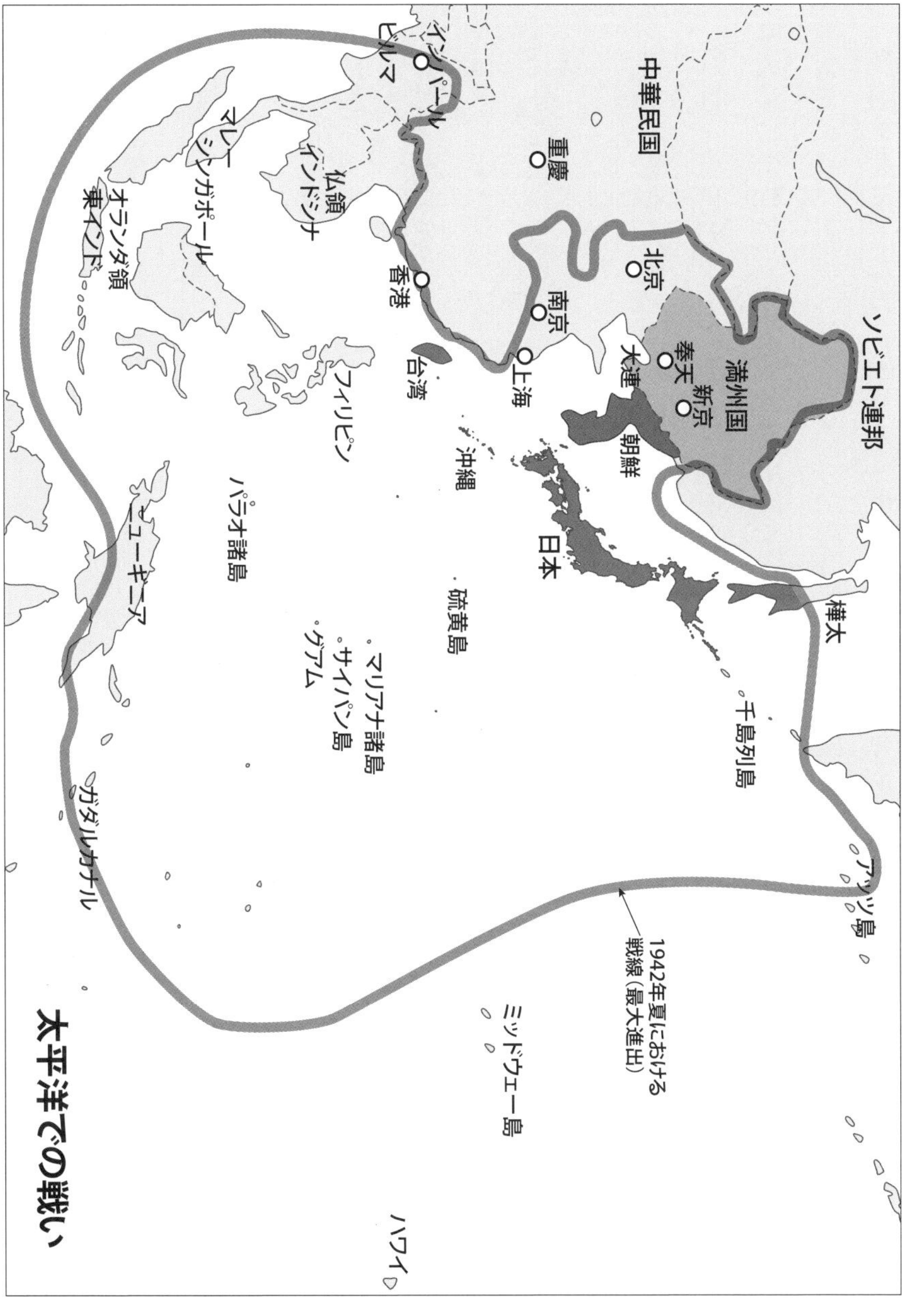
太平洋での戦い
ソビエト連邦
中華民国
満州国
新京
奉天
大連
朝鮮
北京
南京
上海
重慶
香港
台湾
日本
樺太
千島列島
アッツ島
1942年夏における戦線（最大進出）
ミッドウェー島
ハワイ
硫黄島
沖縄
マリアナ諸島
サイパン島
グアム
パラオ諸島
フィリピン
仏領インドシナ
インパール
ビルマ
マレー
シンガポール
オランダ領東インド
ニューギニア
ガダルカナル

り日本に宣戦布告して、満州・樺太・千島に侵攻しました。弱みにつけこんだ火事場泥棒です。ソ連は、ロシア時代に日露戦争で失った土地をふたたび手に入れようと、軍事侵略を行なったのでした。

司馬遼太郎は『坂の上の雲』（三）に、こう書いています。

「一九四五年八月八日、ソ連は日本との不可侵条約をふみにじって満州へ大軍を殺到させた。条約履行という点においてソ連はロシア的体質とでもいいたくなるほどに平然とやぶる。しかしかといってここまで容赦会釈ないやぶり方というものは、やはり相手がアジア人の国であるということにおいて倫理的良心をわずかしか感じずにすむというところがあるのではないか」

日本は昭和天皇の聖断により、ポツダム宣言を受諾することにしました。

八月一五日の正午に流された玉音放送には、次のようにあります。なお、「朕《ちん》」は天皇の自称で、今でも「常用漢字」です。

「朕深ク世界ノ大勢ト帝国ノ現状トニ鑑《かんが》ミ、非常ノ措置ヲ以テ時局ヲ収拾セムト欲シ、茲《ここ》ニ忠良ナル臣民ニ告グ。
朕ハ帝国政府ヲシテ米英支蘇《そ》四国ニ対シ其ノ共同宣言ヲ受諾スル旨《むね》通告セシメタリ。
抑々《そもそも》帝国臣民ノ康寧ヲ図リ万邦共栄ノ楽ヲ偕《とも》ニスルハ皇祖皇宗ノ遺範ニシテ朕ノ拳《きょ》々措《お》カザル所、曩《さき》ニ米英二国ニ宣戦セル所以《ゆえん》亦《また》実ニ帝国ノ自存ト東亜ノ安定トヲ庶《しょ》幾《き》スルニ出《い》デ、他国ノ主権ヲ排シ領土ヲ侵《おか》スガ如キハ固《もと》ヨリ朕ガ志ニアラズ。（略）敵ハ新ニ残虐ナル爆弾ヲ使用シテ頻《しきり》ニ無辜《むこ》ヲ殺傷シ、惨害ノ及ブ所、真《しん》ニ測ルベカラザルニ至ル。而《しか》モ尚交戦ヲ継続セムカ、終《つい》ニ我ガ民族ノ滅亡ヲ招来スルノミナラズ、延テ人類ノ文明ヲモ破却スベシ。（略）
惟《おも》フニ今後帝国ノ受クベキ苦難ハ固《もと》ヨリ尋常ニアラズ。爾《なんじ》臣民ノ衷情《ちゅうじょう》モ朕善《よ》ク之ヲ知ル。然《しか》レドモ朕ハ時運ノ趨《おもむ》ク所、堪《た》ヘ難キヲ堪ヘ、忍ビ難キヲ忍ビ、以《もっ》テ万世ノ為ニ太平ヲ開カント欲ス。（略）
宜《よろ》シク挙国一家子孫相伝ヘ、確《かた》ク神州ノ不滅ヲ信ジ、任重クシテ道遠キヲ念《おも》ヒ、総力ヲ将来ノ建設ニ傾ケ、道義ヲ篤《あつ》クシ、志操ヲ鞏《かた》クシ、誓テ国体ノ精華ヲ発揚シ、世界ノ進運ニ後《おく》レザルムコトヲ期スベシ。爾臣民其《そ》レ克《よ》ク朕ガ意ヲ体《たい》セヨ」

敗戦を認めたとき天子が語ったこの詔勅はまさに歴史に残るものでしょう。「苦難」や「建設」の言葉と同時に、「神州（日本）ノ不滅」が語られています。

おそらく、当時の日本人はこれから先、アメリカによって植民地扱いをされると覚悟したことでしょう。いわば「劣等国」扱いです。

放送があった日の前夜、つまりは御前会議が終ったあと、陸軍大臣・阿南惟幾《あなみこれちか》は「一死以て大罪を謝し奉る」の言葉を残し、割腹自殺を遂げました。

九月二日、東京湾に浮かぶ戦艦ミズーリ号の艦上で日本の降伏文書調印式が行なわれ、日本は連合国に降伏しました。日本側は重光葵《まもる》外務大臣と梅津美治郎陸軍大将。対するはアメリカのマッカーサー元帥とイギリスのパーシバル中将でした。あのシンガポール陥落で日本の山下奉文《ともゆき》中将に「イエス」と言った本人です。この調印は、あの黒船が江戸湾（東京湾）に来航してから九二年後のことでした。この戦艦ミズーリ号には、その時ペリーが携えていた星条旗が掲げられていました。

連合国最高司令官・マッカーサーが率いる占領軍は、軍隊の解散、財閥解体、公職追放、農地改革などを断行しました。言論の検閲《けんえつ》、修身・国史・地理の授業の停止も同様で、復讐に結びつくおそれがあるとして忠臣蔵も上演禁止。武士道は戦争遂行の精神的根拠とされ、厳しい批判を受けました。

ポツダム宣言の第六条には「世界征服をもくろむ過《あやま》ちを犯させた勢力を永久に排

除する」と書かれています。これこそ黄禍論がもたらした誤解でしょう。

翌二一年（一九四六）一月一二日、ニューヨークのマンハッタンで対日戦争の勝利を祝うパレードが行なわれました。参加人員は総勢一万三〇〇〇人。パレードの全長は四マイル（六・四キロ）にもなり、ニューヨークの市長や知事も加わっていたといいます。ここは、万延元年（一八六〇）、批准書交換のために訪れた日本の使節、新見正興《しんみまさおき》の一行が馬車で通ったところでした。

その後、同年五月から極東国際軍事裁判、いわゆる東京裁判が行なわれ、戦争犯罪人とされた人々が次々に裁判にかけられました。しかし裁判とはいうものの、勝者が敗者を裁くのです。結果はわかりきったことで、正義を装った復讐劇にほかなりませんでした。

被告はA級、B級、C級の三つのクラスに分けられ、このうちのA級戦犯として罪を問われたのは、侵略戦争を計画、準備、実行し「平和に対する罪」を犯したとして起訴された二八人の日本の戦争指導者たちでした。この「平和に対する罪」というのは、日本の被告を罪に陥れるために後から作られた「罪」でした。これは事後法といって、およそ文明国では認められるようなものではありません。なんら不法行為でもないのに後から犯罪だと決めつけられるのでは安心して暮らしていくことができないからです。また、原爆という「残虐ナル爆弾ヲ使用シテ頻ニ無辜ヲ殺傷シ」たアメリカは何の罪にも問われないのです。戦争とは正義が勝つのではなく、勝った者の言い分が通り、「正義」を語れるものなのです。もし日本が勝っていたなら、ハルもフランクリン・ルーズベルトも、そしてもちろん原爆投下を命令したトルーマンも戦争犯罪人として処刑されていたでしょう。なお、「B級」とは戦場で命令する立場にいた指揮官、「C級」は実行した兵隊を対象にしたもので、B級とC級を合わせると一、〇六一名が死刑になっています。あの山下奉文中将もこれに含まれます。

結局、「A級」では二八人の被告のうち、七名が絞首刑となりました。この処刑は昭和二三年（一九四八）一二月二三日に行なわれました。この日は当時の皇太子、つまり後の天皇誕生日です。また、A級戦犯が起訴されたのは昭和二一年四月二九日で、これは当時の天長節、つまりは昭和天皇の誕生日でした。

「A級戦犯」のうち、日米開戦時に首相だった東條英機は、戦争犯罪者として死刑になりました。

しかし、あのハル・ノートを受け、屈伏できるでしょうか。国際機関からの通告ではなく、当事者でもない一国が禁油をもって国策変更を迫ったのです。両国の間には、誤解とそれに基づく相互不信があったと見るのが妥当でしょう。立ち上がるほか、解決方法があったでしょうか。

司馬遼太郎は『坂の上の雲』（三）にこう書いています。

「筆者は太平洋戦争の開戦へいたる日本の政治的指導層の愚劣さをいささかでもゆるす気になれないのだが、それにしても東京裁判においてインド代表の判事パル氏がいったように、アメリカ人があそこまで日本を締めあげ、窮地においこんでしまえば、武器なき小国といえども起ちあがったであろうといった言葉は歴史に対するふかい英智と洞察力がこめられているとおもっている。アメリカのこの時期のむごさは、たとえば相手が日本でなく、ヨーロッパのどこかの白人国であったとすれば、その外交政略はたとえおなじでも、嗜虐《しぎゃく》的なにおいだけはなかったにちがいない。文明社会に頭をもたげてきた黄色人種たちの小面憎《こづらにく》さというものは、白人国家の側からみなければわからないものであるにちがいない」

司馬はアメリカ側の人種的差別意識を語っています。ならば「相手が日本でなく、ヨーロッパのどこかの白人国であったとすれば」原爆は投下できたのかということも考えざるをえません。なお、彼のいう「太平洋戦争」という呼び名はアメリカが日本にそう言うよう強制したものです。

インドのパル（パールとも）博士は東京裁判でただ一人、日本の無罪を主張した判事でした。勝者による裁判は正義ではないと考えたのです。博士は次のような言葉を残しています。彼は東京裁判の判事で唯一の国際法学者でした。

「時が熱狂と偏見をやわらげた時、そして理性が虚偽からその仮面を剥《は》ぎ取った時にこそ、正義の女神はその秤《はかり》を水平に保ちながら、過去の賞罰の多くにそのところを変えることを要求するだろう」

この言葉は、稲造の最後の演説とそっくりです。次に再掲します。

「いつの日か、ゆっくりとではあっても、激情ではなくて理性が、自分の利益ではなくて正義が、全世界の民族と国家のための仲裁人になる日が来ることを希望するのは、過大な望みというものであろうか」

東條英機は日本国民の憎悪を一手に受けた形となりました。戦後の生活物資の乏《とぼ》しい折り、「東條の家族には何も売りたくない」とされ、彼の孫は小学校の教師から担任になるのを拒否されたといいます。

昭和二〇年（一九四五）九月一一日、東條はピストル自殺をはかりましたが、わずかにそれて失敗し、生き恥をさらす形になっていました。彼は昭和一六年（一九四一）に「戦陣訓」を発表し、「生きて虜囚《りょしゅう》の辱《はずかし》めを受けず、死して罪過《ざいか》の汚名を残すこと勿《なか》れ」と諭していたのです。彼の父親は旧南部藩士でした。

東條はいくつか遺書を残していました。その一つを次に掲げます。

「開戦当時の責任者として敗戦のあとをみると、実に断腸の思いがする。今回の刑死は、個人的には慰められておるが、国内的の自らの責任は死を以て贖《あがな》えるものではない。

しかし国際的の犯罪としては無罪を主張した。今も同感である。

ただ力の前に屈伏した。

自分としては、国民に対する責任を負って満足して刑場に行く。ただこれにつき同僚に責任を及ぼしたこと、又下級者にまでも刑が及んだことは実に残念である。

天皇陛下に対し、また国民に対しても申し訳ないことで、深く謝罪する。

元来、日本の軍隊は、陛下の仁慈の御志に依り行動すべきものであつたが、一部過《あやまち》を犯し、世界の誤解を受けたのは遺憾《いかん》であつた。

此度《このたび》の戦争に従事して斃《たお》れた人及び此等《これら》の人々の遺家族に対しては、実に相済《あい》まぬと思つて居る。心から陳謝する。

今回の裁判の是非に関しては、もとより歴史の批判に待つ。もしこれが永久平和のためということであつたら、も少し大きな態度で事に臨まなければならないのではないか。此の裁判は結局は政治裁判に終つた。勝者の裁判たる性質を脱却せぬ」

（『世紀の遺書』巣鴨遺書編纂会　講談社）


そして辞世の歌を二首残しました。


「我ゆくもまたこの土地にかへり来ん　国に酬《むく》ゆることの足《た》らねば」

「さらばなり苔《こけ》の下にてわれ待たん　大和島根に花薫るとき」


この「花」はもちろん、桜です。

武士道が果たしたもの

日本は降伏しました。夏目漱石が「亡《ほろ》びるね」と書いた通りになったのです。しかし、これでアジアに平和が訪れたというわけではありませんでした。というのも、蘭印《らんいん》では玉音放送から二日後の八月一七日に、スカルノとハッタがインドネシアの独立を宣言しましたが、一〇月には再びこの地を植民地にしようと、宗主国のオランダがもどって来たからです。

これに対し、本来やぶれた日本の軍人約二〇〇〇人が武器をとって地元の独立運動に協力し、オランダ軍を追い返したのでした。日本軍が現地に残した武器が役に立ったのです。

三五〇年にわたるオランダの植民地支配から脱して、インドネシアが正式に独立したのは昭和二四年（一九四九）のことでした。それまでに約一〇〇〇人の日本人がこの戦いのために命を落としたとされます。このうち、約七〇人の日本人がカリバタ国立英雄墓地に埋葬されています。インドネシア政府は昭和五一年（一九七六）、独立のために尽力した前田精《ただし》海軍少将（当時）にインドネシア建国功労賞を授与しています。この国はこうした事情もあって、親日です。

また、インドはこの二年前の昭和二二年（一九四七）八月一五日、独立を達成しました。数世紀にわたったイギリスの支配をはねのけたのです。

インド法曹界の長老、パラディ・デサイ博士の言葉が残っています。

「インドはまもなく独立する。この独立の機会を与えてくれたのは日本である。インドの独立は日本のお陰で三〇年も早まった。

インドだけではなく、ビルマもインドネシアもベトナムも、東亜民族は皆同じである。インド国民はこれを深く心に刻み、日本の復興には惜しみない協力をしよう」

戦後、インドのネール首相から日本の子供たちにインディラという名前の象を贈られた話はよく知られています。首相の娘の名前をとって名付けられたこの象が日本に来たのは昭和二四年九月二五日で、その後、各地を巡回して子供たちを喜ばせました。インドが「日本に侵略された」などと非難してこないのは当然でしょう。

このほか、ビルマはイギリスから昭和二三年（一九四八）に独立。

フィリピンは昭和二一年（一九四六）、アメリカから独立。

カンボジアとラオスはフランスから昭和二八年（一九五三）、独立。

こうして見ると、日本が東亜の独立を主導した通りの結果になったことがわかります。第二次世界大戦後、アジアやアフリカの諸国が次々に独立していきましたが、この影響と見て間違いありません。世界から植民地というものがなくなりました。

振り返って、昭和天皇の終戦の詔勅《しょうちょく》（玉音放送）には次の一節がありました。


「朕ハ帝国ト共ニ東亜ノ解放ニ協力セル諸盟邦ニ対シ遺憾《いかん》ノ意ヲ表セザルヲ得ズ」


「東亜ノ解放」を掲げて戦い、敗れた日本でしたが、負けたとはいえ結果的にその「義」は達成されたのです。欧米の植民地であった東アジアの人たちは、日本が日露戦争でロシアという白人国を破ったことを知っていました。その事例を手本に立ち上がったということでしょう。

イギリスの文明論者アーノルド・トインビーは、一九五六年一〇月二八日の英紙「オブザーバー」でこう述べています。

「第二次大戦において、日本人は日本のためというよりも、むしろ戦争によって利益を得た国々のために偉大なる歴史を残したといわなければならない。その国々とは、日本の掲げた短命な理想であった大東亜共栄圏に含まれていた国々である。日本人が歴史上に残した業績の意義は、西洋人以外の人類の面前において、アジアとアフリカを支配してきた西洋人が、過去二百年の間に考えられていたような、不敗の神ではないことを明らかにした点にある」

日中戦争に始まる先の大戦は、結局、世界恐慌への対策として欧米列強の「持てる国」が関税の引き上げや経済ブロック建設という独善的で排他的な政策を行ない、日本などの「持たざる国」を苦境に追い込んだことが背景にありました。そして、当時広まっていた中国の過激な排日運動を日本が軍隊の力で鎮圧しようとしたことが「侵略」と見なされ、批判・糾弾されたことから始まったともいえるでしょう。黄禍論という人種的偏見や差別もありました。当時は、白人優越思想が確固としてあったのです。

「大東亜共栄圏」は日本の侵略目標圏ではなく、日本を盟主とした経済ブロックのことです。これが既存のアメリカ、イギリス、オランダなどの経済ブロックと競合し、実力で解決するしかなくなったため、戦争となったのです。

孟子に「春秋に義戦なし」とありますが、これは正しくありません。当事者のどちらにも「義」があります。戦争は「義」と「義」の戦いなのです。

戦後の昭和二二年（一九四七）、スイスのジュネーブでＧＡＴＴ（関税と貿易に関する一般協定）が結ばれました。ブロック経済をやめ、自由貿易を盛んにするために関税を順次引き下げていこうという合意がなされたのです。つまりは、関税を高くし自らの経済圏だけの繁栄または生き残りを目指すことの間違いが認められたということです。この考えは現在のＷＴＯ（世界貿易機関）に受け継がれました。

また、人種差別が撤廃されたことは言うまでもありません。昭和二〇年（一九四五）一〇月に発効された国連憲章でもそれが当然のように掲げられています。白人諸国は、第二次大戦後は人種差別撤廃を語らざるをえなくなったのです。

時代は大きく変わりました。日本が国際連盟の規約にこの人種差別撤廃を盛り込もうとしてから四半世紀後のことです。

新渡戸稲造は大正一四年（一九二五）一月一五日の『実業之日本』で、こう述べていました。

「ある国が世界のため、人道のために如何《いか》なる貢献をなしたかは、その国を重くしその威厳を増す理由となる。国がその位地を高めるものは人類一般即ち世界文明のために何を貢献するかという所に帰着する傾向が著《いちじる》しくなりつつある」

日本は戦争に敗れました。軍民あわせて三〇〇万人が死んだといいます。まさしく「我ガ民族ノ滅亡」を危惧《きぐ》するような事態となったのです。また、戦後、海外からは約六三〇万人が四つの島に引き揚《あ》げてきました。当然、大変な食糧難になり、浮浪者や戦争孤児が街にあふれました。こうして一切が灰塵《かいじん》に帰した中から先人は必死の思いで奇跡の復興をなし遂げ、今の日本を作ったのです。「任重クシテ道遠キヲ念ヒ、総力ヲ将来ノ建設ニ傾ケ…世界ノ進運ニ後レザルムコトヲ期」して現代日本を築き上げてきたのです。

稲造のいう「人類一般即ち世界文明のため」にした「貢献」については、人種差別の撤廃と植民地の解放がそれだといえるでしょう。もし日本が「蹶起《けっき》」していなかったなら、この二つはその後も長く続いていたことでしょう。もしかしたら、今のような世界にはなっていなかったかもしれません。日本は有色人種が白人になんら劣るものではないことを人類史に書き記したのです。そして有色人種は、いざとなればその白人に戦いを挑むこともできるのだということを示したのです。稲造は「黄色人種は金色の象形文字で記された貴重な一ページをなすのだ」（第一六章）と書いていました。この「象形文字」は、漢字のことでしょう。

覚えていますか。アメリカのウィルソン大統領は人種差別撤廃に反対していました。今から百年前のことです。また、「ＡＢＣＤ包囲網」といっても、ほとんどが植民地支配または侵略支配をしていた国です。このうちのアメリカは、明治三一年（一八九八）の米西戦争以降、キューバ・ハワイ・フィリピンを次々に征服し、フロンティアを西に拡大していきました。この西へ西へと侵略前線を進めていく政策を、傲慢《ごうまん》にもアメリカは「マニフェスト・デスティニー（明白な運命）」と称しました。満州はその続きで、アメリカが入り込みたい土地だったのです。そしてそれが可能だと一時は見たのですが、「門戸開放」はなりませんでした。ここに日米間の軋轢《あつれき》が生じたのです。日米戦争は「悠久の大義」と「明白な運命」との戦いでした。

ハワイがアメリカに併合されたのは明治三一年（一八九八）のことでした。この一八年前の明治一四年（一八八一）、ハワイ王国が同国のカイウラニ王女と日本の山階宮定麿親王《やましなのみやさだまろしんのう》との婚姻《こんいん》を申し入れてきたことがありました。日本の皇室と姻戚《いんせき》関係を結び、アメリカの侵略から逃れようとしたのです。しかし王女は当時六歳にすぎず、この婚姻は成立しませんでしたが、ことほど左様《さよう》に小国は自身の独立を保つのが困難な時代でした。万延元年（一八六〇）、批准書交換のために新見正興の使節一行が立ち寄った時は、もちろん独立国でした。

米西戦争があった明治三一年は、稲造がアメリカの西海岸で『武士道』を執筆していたころでした。今では想像しがたい、弱肉強食の時代だったのです。

日本の武士道は世界の歴史を書き換えました。人種差別の撤廃と植民地の解放がそれです。自国を犠牲にして成し遂げた大義、ノーブレス・オブリージュと言っていいのかもしれません。

日本精神（リップンチェンシン）

アメリカは太平洋戦争で一〇万人以上の死者を出しましたが、それで何が得られたでしょうか。たしかに日本は大陸から撤退しました。しかし、アメリカが支援し、代わって中国を支配するはずだった蒋介石《しょうかいせき》の国民党は、再開された内戦で共産党に敗れてしまいます。

満州も中国共産党の管理下に置かれ、アメリカは利権を得るどころではなくなりました。朝鮮半島でも北からソ連の勢力が入り、後に朝鮮戦争が勃発《ぼっぱつ》します。戦後の新たな枠組みをめぐり、またしても戦争が起こったのです。

アメリカは第二次大戦に勝つために、ソ連という共産勢力と手を組みました。本来、資本主義を国是とするアメリカは、共産勢力の浸透を防ぐ「防共」につとめてきたのですが、これ以降、世界革命をめざす共産主義国家と対峙することになります。いわゆる冷戦の始まりです。

一方、日本に代わって中国国民党の軍隊が台湾領有のためにやって来たのは、昭和二〇年（一九四五）一〇月のことでした。しかし、彼らは文化の程度が低く、神社や記念碑など日本の痕跡を破壊したばかりか、市中で乱暴狼籍《ろうぜき》を働いたといいます。治安は一気に悪化しました。そして世にいう二・二八事件が起こります。

昭和二二年（一九四七）二月二八日のことでした。夜市での闇《やみ》タバコの取り締まりをめぐる些細《ささい》ないざこざが発端でしたが、かねて不満を抱いていた市民の怒りが爆発し、摘発担当者に詰め寄ると、危険を感じた彼らは逆上してみだりに発砲し、これに対し民衆が暴動を起こしたのです。すると三月八日、一万三〇〇〇人の増援隊が大陸から到着。機関銃を民衆に向けて乱射し、二週間の間に二万八〇〇〇人の台湾人が殺害されたといいます。こうした政治的弾圧を白色テロといいます。白色というのは、共産主義の赤いテロと区別するためです。

その後、昭和二四年（一九四九）に北京を首都とした中華人民共和国が成立。内戦に敗れた中国国民党は丸ごと台湾に逃げ込んできました。蒋介石は台湾に戒厳令を布《し》き、以後、これは三八年間も続きました。日本の敗戦にともない、台湾には五〇万～六〇〇万の外省人（大陸に住んでいた人）が入ってきたといいます。

昭和二六年（一九五一）九月、サンフランシスコで講和会議が開かれ、翌年四月二八日に日本は主権を回復して国際社会に復帰します。この日は当時の天皇誕生日の前日であり、独立を回復してから祝賀したかったのでしょう。また、この日、日本は台湾の中華民国と日華平和条約を結んでいます。日本は中華民国を正式な国家と認めたのでした。「国民党政府を対手《あいて》とせず」と宣言してから一四年がたっていました。

その後、昭和四六年（一九七一）になって、アメリカが中華人民共和国に接近します。今まで蒋介石を応援し、共産主義国家とは隔絶してきたアメリカでしたが、外交政策を転換したのです。この年、国連総会において中華人民共和国を招請することが決定し、これを不服とした中華民国は国連を脱退しました。

翌四七年、日本の大平正芳外相は「日華平和条約は終了した」と宣言し、日中関係は新たな局面を迎えます。昭和五三年（一九七八）、日本は中華人民共和国と日中平和友好条約を結び、これを機に、台湾（中華民国）と断交しました。

その台湾では、蒋介石が昭和五〇年（一九七五）に死去し、息子の蒋経国が後を継ぎましたが、ちょうどこのころから民主化運動が高まってきました。このためか、蒋経国は蒋家から総統の後継者を出さないと明言。昭和六二年（一九八七）、ついに戒厳令が解除されたのです。

蒋経国は翌年一月に死去し、当時副総統だった李登輝《りとうき》が総統に就任しました。李総統は次々に改革を進め、平成八年（一九九六）、総統の直接選挙を実施。ここに台湾の民主化が実現したのです。

台湾は日清戦争の下関条約で日本に「永久割譲」された島です。

日本の統治は五〇年に及び、「日帝五十年」などと非難されてもおかしくないほどですが、実は親日の人が少なくありません。おそらくこれは、日本型の植民地統治に評価される点があったからでしょう。

司馬遼太郎の『台湾紀行』によると、先述の李登輝は次のような「史観」を持っていたとされます。

「植民地というのは、トクな面がある。その本国のいちばんいい所が植民地で展開されるからだ」

台湾における上下水道は、東京や名古屋よりも早く建設されています。また、大阪帝国大学や名古屋帝国大学よりも早く、台北帝国大学が創立されました。このほか、道路や港湾、鉄道の整備、衛生や医療、教育、農業、商工業など、日本はまるで内地のように力を入れ、台湾の近代化につとめたのです。

むろん、すべてが善だったということはありません。台湾に日本の神社を作ったり、宮城遥拝《きゅうじょうようはい》を強いたりしました。また、求人の採用や賃金、昇進などで格差はあったでしょう。しかし、総じて規律や勤勉、誠実、衛生などの観念をもたらしたことは事実だったようです。社会的インフラも同じです。

おそらく、日本が台湾に果たした貢献で最も顕著なのは、八田與一《はったよいち》の烏山頭《うざんとう》ダムとその水を使った嘉南大圳《かなんたいしゅう》です。それまで有効利用できなかった嘉南平野がこれによって穀倉地帯に変わったのです。米の収穫量は三〇万トンから一八〇万トンに増えました。「大圳」とは用水路のことで、その総延長は一万六〇〇〇キロにも及びました。地元民は八田の銅像を作り、ダムを見渡せる高台に建てました。後の白色テロの際はうまく隠して難をのがれたといいます。

八田は戦争中の昭和一七年（一九四二）、調査のためにフィリピンに向かう途中、アメリカの潜水艦から攻撃を受けて船が沈没し、命を落としました。そして彼の妻・外代樹《とよき》は、昭和二〇年（一九四五）九月一日、夫が作ったダムの放水口に身を投げて後を追いました。この日は日本が戦艦ミズーリ号で降伏文書に調印した前の日でした。

このほか、台湾に貢献した日本人としては、台湾近代化の父・後藤新平、台湾の教育に殉《じゅん》じた六士先生（六人の日本人教師）、蓬萊米《ほうらいまい》を開発した末永仁、地元民のために尽くした森川清治郎巡査などがあげられますが、後に軍神とされ明治天皇に殉じた乃木希典も実は台湾の第三代総督をつとめています。このとき、乃木の母はマラリアにかかって死亡し、台北の日本人墓地に埋葬されました。なお、乃木もその妻も同じくマラリアにかかっています。台湾は伝染病が蔓延《まんえん》するような土地だったのです。

なお、台湾の第七代総督は明石元二郎中将でした。あの日露戦争でロシア国内に革命運動を盛り上げた立役者です。明石は嘉南大圳の建設を決定した責任者でもあ

りますが、台湾の土になろうとしたことでも知られます。その遺言は、

「余は死して護国の鬼となり、台民の鎮護たらざるべからず」

というものでした。そして実際、遺骨は台湾に埋められました。

一般に植民地というと、今ではすべて悪のように考えられていますが、実情はさまざまであり、文明を伝えたり近代化を進めたりした一面もありました。

『武士道』の和訳本を書いた矢内原忠雄は、植民は人類の経済を豊かにし進歩させうるものだと考え、植民地の人々を文明開化させることは先進国の道義的、倫理的な義務だとまで理解していました。いわば人道主義的植民地経営です。これはおそらく稲造の教えによるものでしょう。稲造は東京帝国大学で植民政策講座を担当していた専門家です。彼の考えは「植民は文明の伝播《でんぱ》である」というもので、「植民政策の原理は強いて一言にして言えば、原住民の利益を重んずべしということであろう」と述べています。稲造は、植民地というものはその地の文明が発展して独立を遂げるまでの暫定《ざんてい》的なものだと考えていました。こうした植民地経営は欧米型の植民地思想とは異なるもので、渋沢栄一の「道徳経済合一説」と通じるところが

あるといえるでしょう。いわば武士道としての「仁政」です。

その稲造が台湾に渡ったのは明治三四年（一九〇一）、同郷の後藤新平の求めによるものです。肩書きは「台湾総督府殖産《しょくさん》局長兼製糖局長」でした。

当時、三九歳だった稲造は台湾の発展のためには製糖が鍵を握っていると判断し、大いに殖産に尽くしました。彼は農業の専門家であり博士でもありました。

結果、砂糖の生産量は一五年ほどの間に一一倍も増加したのです。

李登輝はその著書『新・台湾の主張』の中で、こう書いています。


「今日の台湾、とりわけ高雄を中心とした南部の発展を語るうえで、製糖業を抜きにして語ることは不可能である。これは新渡戸が私心を捨て、公のために尽くしたおかげといっても過言ではない」

李登輝は大正一一年（一九二三）、台湾で生まれました。すでに日本領でしたから生来の日本人で、日本名は「岩里政男」でした。台北高校を卒業すると、京都帝国大学に学び、昭和一八年（一九四三）、陸軍に入隊。その後、米国留学、台湾大学教授をへて政界に進出。国民党に入り、先述のように台湾総統にまでのぼりつめています。氏の兄（日本名は岩里武則）は海軍の特別志願兵になり、マニラで戦死。今は靖国神社に祀られています。李はこのことに何の不満もなく、実際、平成一九年（二〇〇七）六月七日、この神社を参拝しています。

彼は前同書に、こう書いています。

「台湾人が好んで用いる言葉に、『日本精神《リップンチェンシン》』というものがある。これは日本統治時代に台湾人が学び、日本の敗戦によって大陸からきた中国人が持ち合わせていない精神として、台湾人が自ら誇りとしたものである。『勇気』『誠実』『自己犠牲』『責任感』『遵法《じゅんぽう》』『清潔』といった精神を表す。『ＫＡＮＯ』をみて、私はあらためて家内と『日本の教育は素晴らしかったね』と語り合った。（中略）台湾が中国に呑《の》み込まれようとしている現在、台湾人が顧みるべきは、この映画で描かれているような『日本精神』である。この『日本精神』に触れることをとおして、台湾人は中華思想の呪縛《じゅばく》からあらためて脱し、『公』と『私』を区別する武士道的な倫理に基づいた民主社会を確立しなければならない」

文中の『ＫＡＮＯ』とは、日本では平成二七年（二〇一五）一月に公開された映画のことで、カノーとは台湾にある嘉義《かぎ》農林という学校の略称です。この学校は昭和六年（一九三一）に阪神甲子園球場で行なわれた「全国中学校優勝野球大会」に初めて出場して準優勝という快挙を成し遂げました。相当うれしかっただろうし、地元も大いに盛り上がったものと推察されます。戦前ですから高校ではなく中学校でしたが、台湾も「全国」の中に含まれていたことがわかります。これが日本の「植民地統治」でした。

ちなみに、朝鮮からも、満州からも、代表校が甲子園に出て覇《は》を競い合いました。このうち、満州代表の大連商業も夏の甲子園で準優勝しています。

台湾や韓国で野球が盛んなのは、日本の影響と見て間違いないでしょう。おそらく、稲造も乃木も不満でしょうが……。

李は「日本精神」について、同書にこうも書いています。

「私は新渡戸が説いた武士道こそ、日本人の精神であり道徳規範だと考える。それはたんに精神、生き方の心得であるというだけでなく、日本人の心情、気質、美意識であるといってよいかと思う。勇気や決断力の源泉になるものであり、生と死を見つめる美学、哲学だともいえる」

花は咲く

平成二三年（二〇一一）三月一一日、日本の三陸沖で大地震が起こり東日本大震災が発生しましたが、その際、日本人が取った行動が世界を驚かせました。暴動や略奪がなく、被災者たちが誰に言われることもなくきちんと列を作って救援物資を待ったことが称賛されたのです。多くの日本人は、なぜこんなことが誉《ほ》められるのか理解できませんでした。ごく当たり前のことだったからです。

三月一六日の『ワシントン・ポスト』は、次のように伝えました。

「日本はパラドックスの国だが、第二次世界大戦後の最大の危機を礼儀正しさで対処し、秩序をもって混乱と戦っているように見える。津波で破壊された大槌《おおつち》町の家の上にはフェリーボートが乗っているが、避難所では、靴は入り口できちんと脱ぎ、ゴミもリサイクル用に分別されている。略奪や犯罪のレベルが上昇している証拠は一つもなく、日本人は長蛇の列で待ちながら冷静さを示している。

頑固なまでの礼儀正しさとグループ内の同意を重んじる心も示されている。ツイッター使用者は、足止めを食らった人や家がなくなった人がおにぎりを分け合っている話を発信している。車で北に向かう人は10時間も車に乗ることになるが、クラクションを鳴らす人は誰もいない。（中略）

福島市のスーパーマーケットの支配人であるチョーナン・ヒデノリは言う。

『みんなどういう状況かわかっているから、お互いのつらさもわかっている』

そこでは開店まで数百人の人が何時間も待っていた」

「パラドックス」とは、他国では起きないことが起こるという意味でしょう。

大災害が発生し、治安を維持する警察力が失なわれた時、他国では商品の略奪や暴動が起きるのが普通のようです。報道のカメラを見るなり、大声で泣き叫んで不平不満を訴えたり、救援物資の奪い合いがあるのが当たり前だとこの新聞は思っていました。事実、発展途上国は言うまでもなく、先進国のアメリカでもハリケーンや大地震が起きると、このようなことがニュースで伝えられます。

ではなぜ日本では秩序が保たれるのでしょうか。

これはおそらく「礼」と「克己」でしょう。

稲造は書いています。

「国民がみな一様に礼儀正しいのは武士道の賜物《たまもの》である」（第一六章）

おそらくこれは、他者への気遣《づか》いを自分の都合より優先させるということではないでしょうか。大変なのは自分だけではないという思いが、我慢強さや冷静さ、自制心を喚起《かんき》し、恥ずかしくない自分でありたいという気持ちになるのでしょう。

これはまさしく武士道ではありませんか。

李登輝は、こうも書いています。前同書より。

「東日本大震災で日本国民がみせた節度ある行動や献身的な自己犠牲は、まさに武士道の精神そのものであった」

「武士道という言葉自体はいまの日本であまり使われないとしても、その精神はけっして失われていなかった。世界の人びとはその精神を称賛したのである」

この大震災では世界各国から支援やお見舞いが寄せられましたが、中でも台湾からは二〇〇億円を越える義捐金《ぎえん》が寄せられました。これは世界一と言われます。おそらく台湾に残された「日本精神《リップンチェンシン》」がそうさせたのでしょう。

なお、この震災では、在日米軍が「トモダチ作戦」を取り、日本の援助にあたる一幕もありました。終戦から六六年目のことです。

この地震が発生してから約一カ月後の四月一四日、共同通信編集委員の石山永一郎氏は、東京電力福島第一原発から約三キロの双葉町に入り、「すべての住民が避難してから1カ月余の光景」について配信しています。このルポによると、放射線の量は「車内で毎時80マイクロシーベルト」であったということです。また、氏は「無人の町の桜は満開だった」とも伝えました。この日は旧暦の三月一二日、月齢は一〇・五でした。事故のため電気の通わぬこの町の桜は、「望月《もちづき》」にまだ三日ほど早い月明の下、人知れず神々《こうごう》しく咲いていたことでしょう。

それから四年後、終戦から七〇年の節目にあたる平成二七年（二〇一五）四月、天皇皇后両陛下（当時）は慰霊のため、パラオ共和国のペリリュー島を訪れました。ここは昭和一九年（一九四四）九月一五日に日米両軍が死闘を演じた島です。日本は第一次世界大戦に勝利した後、それまでドイツ領であった南洋諸島を占領し、国際連盟から委任統治を認められてこの地に南洋庁を置いていました。作家の中島敦は病気療養の目的もあり、希望してここで勤務したことがあります。

両軍の勢力には大差がありました。米軍は総兵力四万二〇〇〇人、迎え撃つ日本の守備隊は一万二〇〇〇人だったといいます。数的に劣勢だった日本軍は島内に五〇〇以上の洞穴を掘り頑強に抵抗しました。しかし、二カ月あまり後の一一月二四日、ついに力尽き、玉砕つまり全滅したのです。打ち込まれた砲弾は一七万発に及び、島の地形が変わったといいます。米軍にも一、七〇〇人あまりの戦死者が出ました。

天皇陛下はパラオ政府が主催した晩餐会で次のようなスピーチをしました。

「先の戦争においては、貴国を含むこの地域において日米の熾烈《しれつ》な戦闘が行われ、多くの人命が失われました。日本軍は貴国民に、安全な場所への疎開《そかい》を勧める等、貴国民の安全に配慮したと言われておりますが、空襲や食糧難、疫病による犠牲者が生じたのは痛ましいことでした。ここパラオの地において、私どもは先の戦争で亡くなったすべての人々を追悼し、その遺族の歩んできた苦難の道をしのびたいと思います」

「安全な場所への疎開を勧める」というのは、戦闘に先立ち、守備隊長の中川州《くに》男《お》大佐が島民を他の島へ避難させていたということです。これは、二カ月ほど前のサイパン陥落の際に地元民約二万人が巻き込まれ、そのうちの約一万人がバンザイクリフから飛び降りたりして命を落としたという事実があったからだといいます。クリフとは断崖《だんがい》のこと。バンザイというのは日本語の「万歳」です。

この戦争で、日本軍は太平洋の島々を個々に守備する必要がありました。戦力を分散せざるを得ません。一方、米軍は目指した島に戦力を集中させ、一つ一つ落としていったのです。中川大佐は最期にあたり、軍旗と機密書類を焼却した後、かねて師団司令部に伝えていた通り、「サクラ、サクラ」と打電し玉砕を伝えました。

両陛下のパラオ訪問から一年が過ぎた平成二八年（二〇一六）五月、伊勢志摩サミット（G7首脳会議）に出席するため来日したアメリカのオバマ大統領は、同国の現役大統領として初めて広島の平和記念公園を訪れ、次のようなスピーチを行ないました。（訳文は五月二八日の朝日新聞より）

「71年前、明るく、雲一つない晴れ渡った朝、死が空から降り、世界が変わってしまいました。閃光《せんこう》と炎の壁が都市を破壊し、人類が自らを破滅させる手段を手にしたことを示したのです。

なぜ私たちはここ、広島を訪れるのか。私たちはそう遠くない過去に解き放たれた恐ろしい力に思いをはせるために訪れるのです。10万人を超す日本人の男女そして子どもたち、何千人もの朝鮮人、十数人の米国人捕虜を含む死者を悼《いた》むために訪れるのです。彼らの魂が私たちに語りかけます。私たちに内省し、私たちが何者なのか、これからどのような存在になりえるのかをよく考えるように求めているのです」

これが「新ニ残虐ナル爆弾ヲ使用シテ頻《しきり》ニ無辜《むこ》ヲ殺傷シ」た国の代表の言葉です。「死が空から降り、世界が変わってしまいました」とは何たる言い方でしょうか。「死」は降りたものではありません。落とされたものです。オバマ大統領は慎重かつ巧みに、悪魔の正体を隠蔽しました。また「人類が自らを破滅させる」は、玉音放送の「人類ノ文明ヲモ破却ス」と同じことといっていいでしょう。

戦争をするにもルールがあります。ハーグ条約の、第二三条「無制限の害敵手段を使用してはならない」と、第二五条「防守されていない都市、集落、住宅、建物はいかなる手段をもってしても、これを攻撃、砲撃することを禁ずる」という条文を見ても〝無法〟は明らかです。

アメリカは罪を認めておらず、謝罪もしていません。それどころか、原爆は戦争を早く終わらせたとか、自国の兵士の犠牲を少なくしたなどと正当化しています。

戦争は正しい方が勝つのではありません。戦争はいわばケンカです。ケンカは腕っ節が強い方が勝つのです。そしてこの勝者だけが自分の言い分を「正義」として語り、敗者に有無を言わせず呑《の》み込ませることができるのです。

それでも、現役のアメリカの大統領が広島を訪れた意義は大きく、日本はこれを「礼」として受け入れたほか、国際社会も高く評価しました。相手からはどんな非難、糾弾を受けるかもしれず、また、どれほど激しい謝罪要求をされるかもしれないのに、行動を起こしたからです。自国からも屈従とか自己否定などという批判を受けかねないのに、平和のためのスピーチを行なったのです。つまり、これは一種の「勇」であり、広島の訪問には「義」があったということでしょう。

察するところ、同大統領にとってはこの頃が任期二期目の終盤にあたり、今まで他の大統領ができなかった歴史的偉業をなしとげたいという意欲または思惑のようなものがあったものと思われます。

また、スピーチの中の「どのような存在になりえるのか」は、「恐ろしい力」を持たないということを言っているのでしょう。オバマ大統領は核兵器廃絶を述べたことでノーベル平和賞を受けています。ただ、この賞はあのハル国務長官も受賞しているのです。過大評価はできません。

この広島訪問から七カ月後の同年一二月二七日（日本時間二八日）、今度は安倍首相がハワイの真珠湾を訪れ、アメリカのオバマ大統領とともにアリゾナ記念館で演説をしています。同館は日本軍の攻撃で沈んだ戦艦をそのまま利用した施設で、乗組員一、一七七人が命を落としました。共同通信はこう伝えました。


「オバマ大統領は27日、ハワイの真珠湾で演説し、安倍晋三《あべしんぞう》首相による真珠湾訪問を『和解の力を示す歴史的な行動』とたたえた。『戦争は終わらせることができる』と訴え、過去の歴史を克服した現在の日米同盟は『かつてなく強固だ』と指摘。両国の信頼関係を深めた思いやりの精神を、日本語で『お互いのために』と表現し、両国の絆《きずな》を強調した」

このとき、旧日本軍による奇襲攻撃から七五年がたっていました。サンフランシスコ講和条約の成立からも六〇年が過ぎていましたが、実は両国の戦後処理が終わったのは昭和六三年（一九八八）のことです。この年の八月一〇日、アメリカのレーガン大統領（当時）は通称「日系アメリカ人補償法」にサインし、公式に日系人の強制収容を謝罪しました。人種差別の清算には半世紀近い歳月が必要だったのです。〝誤り〟は解消されました。

ただし、この人種差別はこれで完全になくなったわけではありません。南アフリカのアパルトヘイトという人種隔離政策が撤廃されたのは、一九九一年六月のことです。そして残念なことに、現在でもなお、この人種差別の問題は見えない形でくすぶり続けていると言っていいでしょう。

日本は第二次世界大戦の後、これからは決して戦争をしないことに決めました。

太平洋戦争とはアメリカ側の呼び名です。アメリカにとっては、太平洋の島々を一つずつ攻略していき、最後は日本本土に至る戦略としてふさわしい呼び方なのでしょうが、「太平洋の橋になり度《たい》と思ひます」と言った稲造は、こうした経緯についてどう思っているでしょうか。太平洋（the Pacific Ocean）のパシフィックは、「平和の」とか「穏やかな」の意味です。名付け親はマゼランで、たまたま波が穏やかであったためということです。

彼は昭和五九年（一九八四）に、五千円札の肖像になっていますが、これは「平和の架《か》け橋」として評価されたということでしょう。事実、このお札には太平洋の地図が描かれています。

彼は、明治三三年（一九〇〇）に出版した『武士道』に、こう書いていました。

「戦雲が水平線に重く垂れ込めようとも、平和の天使の翼がこれらを吹き払ってくれることを信じよう。世界の歴史は『優しき者が地を受け継ぐ』という予言を確信しうるものである」（第一七章）

そして武士道と日本の関係について、次のように記しました。

「過去の日本は、まごうことなくサムライが作ったものであった。彼らは民族の花であり、根源でもあった。天のあらゆる恵み深い贈り物はサムライを通してもたらされた。サムライは社会的には民衆より高いところに存在したが、民衆に道徳律の規範を示し自らその模範を示すことによって民衆を導いたのである」（第一五章）

「武士道は、その生みの親である武士階級からさまざまな経路をたどって流れ出し、大衆の間で酵母《こうぼ》として働き、日本人全体に道徳の基準を提供した」（同）

これが「日本には宗教教育がないのに道徳をどうやって教えているのか」という大命題への答えなのでしょう。「民族の花」とはむろん、桜です。

しかし、その武士道にもかげりが見えてきました。

稲造は第一七章に、武士道の危機について書いています。

封建時代の終焉《しゅうえん》と民主主義の台頭、一般教育の普及や産業技術の発達、そこからもたらされる都市生活や富といったものが武士道を脅かし、過去の遺物にしようとしているというのです。

武士道は、形の上では、明治四年（一八九一）の廃藩置県、そしてその五年後の廃刀令で終わったとされます。そして「理屈ばかりの詭弁家《きべんか》、金儲《もう》け主義、計算高い連中の新時代」が「鳴物入りでやって来た」と彼は書いています（第一七章）。

おそらくこの明治初年の維新の混乱時に加えて、国土が灰塵《かいじん》に帰し軍隊そのものがなくなった大東亜戦争（太平洋戦争）の敗戦時も同様であったといえるでしょう。

それでも稲造は、武士道の蘇生《そせい》を信じていました。

「私たちの勇敢な祖先が作った武士道精神が死に絶えたわけではない」(第一七章)
「今の私たちに課せられた使命は、この遺産を守り、古来の精神を少しも損《そこ》なわないことだ」(同)
「未来における使命は、その精神の適用範囲を広げ、人生におけるすべての活動と関り合いの中で応用していくことである」(同)

そして、その復活を「不死鳥」になぞらえ、「自らの灰からのみ復活する」と記しています。武士道がもし廃《すた》れたとしても、それは昔から伝えられてきた本物の武士道からのみ復活するというのです。不死鳥は渡り鳥でもなければ、借り物の羽で飛べる鳥でもありません。日本の国土から復活するというのです。

稲造は、武士道を排斥しようとする現代社会の基本的な考え方として、功利主義と唯物主義をあげています。功利主義とは物事の価値を効果や利益という観点から見ていく考えで、唯物主義とは形のある物だけを重要視し、精神的なものを二の次にするという考え方です。稲造は形のない精神文化を軽視する風潮を嘆いているのです。精神文化とはこの場合、武士道を指すのでしょう。稲造は、日本人を日本人たらしめ近代日本を築き上げた武士道が廃れていくことに危惧の念を抱いているのです。

武士道は日本国民全体の道徳となりました。しかし、個人主義が尊重される現代の民主主義社会においては、集団ではなく個々人の救済を掲げたキリスト教の教義が支配的になっていくと稲造は見ています。ただ、武士道は宗教ではありません。

「武士道は形式こそ整えていなかったが、過去も現在も、わが国民を鼓舞する精神であり原動力なのである」（第一六章）

そしてその未来について、第一七章でこう述べています。

「武士道は確固たる教義もなく守るべき形式もないので、一陣の朝の風であえなくも散っていく桜の花びらのように、その姿を消してしまうだろう。だが、その運命は決して絶滅するわけではない。禁欲主義が滅び去ったと誰が言えるだろうか」

「禁欲主義」とは無論、功利主義や唯物主義の対極にある武士道のことを指しています。具体的には自制であり、克己であり、自己犠牲がそれにあたるでしょう。
稲造はこう続けます。

「たしかに武士道は独立した道徳体系の掟《おきて》としてはなくなるかもしれない。しかし、その力が地上から消え去ることはない。サムライの武勇や民族の誇り高き訓育は解体されるかもしれないが、その輝きと栄光は廃虚を越えて生き続けるだろう」（第一七章）

そして、この日本人論の最後を次のように締めくくりました。

「あの象徴たる桜の花と同じように、四方《よも》の風に吹き散らされた後でもなお、武士道はそのかぐわしい香りで人類を祝福し、人生を豊かにしてくれるだろう。何世代か後に、そのしきたりが葬《ほうむ》り去られ、その名が忘れられることがあったとしても、『道の辺《ほと》りで彼方《かなた》を見れば』、その香りは遠く離れた見えない丘から中空を漂《ただよ》って来るだろう。

そしてこう、クエーカー教徒の詩人は詠《うた》う。

いずこよりかの甘い香りに
感謝の心を旅人は抱き、
歩みを止め、帽子を取りて
空からの祝福を受ける」

稲造が「日本の精神」とした武士道が滅びることはありません。なぜなら、何世代にもわたり、力と美を兼ね備えたものとして私たちの心の中に生き続け、日本人の行動様式の規範となったからです。具体的な姿や形は取らなくとも、道徳的な香りを漂《ただよ》わせつつ、今なお私たちを引きつけてやまない存在だからです。この国の土壌に固有の、桜の花と同じように……。

私たちは武士道に生きているのです。

あとがき

いかがだったでしょうか、『武士道に生きる』。

この本を読んで、武士道とは何か、そして日本人はどう生きてきたのかについて、おおよそ理解してもらえたのではないかと思います。

当初は中学生にもわかるようにと考えたのですが、やはりというか、高校で歴史を学んでいなければなかなか理解できないかもしれません。それでも関心さえあれば、どなたにもわかってもらえるものと確信しています。あまり詳しすぎないよう、そしてエピソードなどをまじえ、読みやすくなるよう心がけました。

読んでおわかりでしょうが、後半は日本の戦争について紙面を多く割《さ》きました。というのも、稲造が書いたものの中に、満州事変を正当化したり国際連盟の方が間違っているといった記述があることに気付いたからです。彼は日本の英知を代表する文化人であり、国際連盟の事務局次長をつとめたほどの国際人でした。反省史観が支配的な今の風潮とはいえ、そんな彼の書いている方がむしろ正しいのではないか、と考えるようになり、結果、このような本が出来上がったのです。五千円札の肖像に選ばれたほどの稲造が、独善的なナショナリズムに陥り、当時の世界情勢を正しく判断できなかったとは、到底、思えません。

確認になりますが、『武士道』にはこうありました。

「武士道の究極の理想は平和である」（第一三章）

「必要もないのに刀を振り回す者は卑怯《ひきょう》者や臆病《おくびょう》者といって蔑《さげす》まれた」（同）

「侵略主義の戦列に加わるような国民はまったく馬鹿げた取り引きをしているのだ」

（第一七章）

一般に、日本が近代、戦争を始めた思想的背景には「武士道」があると考える向きがありますが、これは誤解だと言わざるをえません。

このことは、特攻隊員の言葉を見ればわかります。特攻とは特別攻撃の略称で、大東亜戦争末期の沖縄戦において、圧倒的に不利な戦況を変えるため、航空機や小型船舶に片道だけの燃料を積み、爆弾ごと敵艦に体当たりした自殺攻撃のことをいいます。その数、航空機だけでも二、五〇〇機を超えたといいます。

次の遺詠は、緒方襄《のぼる》という二三歳で戦死した隊員が残したものです。（靖国神社『英霊の言の葉』より）

「懐しの町　懐しの人
今吾《わ》れすべてを捨てて
国家の安危に
赴《おもむ》かんとす
悠久の大義に生きんとし
今吾れここに突撃を開始す
魂魄《こんぱく》国に帰り
身は桜花のごとく散らんも
悠久に護国の鬼と化さん
いざさらば
我は御国《みくに》の山桜
母の身元にかへり咲かなむ」

これが好戦的でしょうか。侵略的でしょうか。彼は「悠久の大義」のために自ら散ったのです。そしてその魂は日本に帰り、この国を護る英霊となったのです。

この武士道について、稲造は一抹の不安を感じながらも、その永遠の命を信じています。同様に、現在でも武士道の重要性を訴える人はいます。

数学者でエッセイストの藤原正彦氏は、著書『この国のけじめ』の中で、次のように書いています。氏は満州生まれで、作家・新田次郎の次男です。

「私は、日本の武士道精神は、人類の普遍的価値となりうるものと思う。

二十一世紀は、武士道が発生した平安時代末期の混乱と似ていないでもない。日本の魂を具現した精神的武装が急務だ。切腹や仇討ち、軍国主義に結びつきかねない忠義などを取り除いたうえで、武士道を日本人は復活するべきである。これなくして日本の真の復活はありえない。国際的に尊敬される人とは、自国の文化、伝統、道徳、情緒などをしっかり身につけた人である。武士道精神はその来歴といい深さといい、身につけるべき恰好《かっこう》のものである」

私たちは、この言葉の重みをしっかりと心に刻むべきではないでしょうか。

本書の成立にあたっては、十和田市立新渡戸記念館で長年にわたり学芸員をつとめてこられた角田美恵子さん、そして同館のボランティア団体「共創郷土」会長の新渡戸富恵さんの協力をいただきました。また、素晴らしい装幀は、杉山貴亮さんによるものです。さらに編集と出版にあたっては、北方新社・工藤慶子さんの手を煩《わずら》わせました。末筆ながら、心よりお礼申し上げます。

本書が次代を担う数多くの日本の若者に読まれ、その心に灯《とも》を点すようなことがあるなら、著者にとってこれ以上の幸せはありません。

ご健闘を祈ります。

最後にあたり、松尾芭蕉の次の句をかかげ、結びといたします。

「さまざまのこと思ひ出す桜かな」

令和元年一二月一七日

おもな参考文献

『武士道』　新渡戸稲造（矢内原忠雄訳・岩波書店）
『武士道』　新渡戸稲造（奈良本辰也訳・三笠書房）
『武士道』　新渡戸稲造（岬龍一郎訳・ＰＨＰ研究所）
『武士道』　新渡戸稲造（佐藤全弘訳・教文館）
『武士道』　新渡戸稲造（夏川賀央訳・致知出版社）
『武士道』　新渡戸稲造（齋藤孝訳、責任編集・イースト・プレス）
『現代語訳　武士道』　新渡戸稲造（山本博文訳・筑摩書房）
『新訳　武士道』　新渡戸稲造（大久保喬樹訳・株式会社KADOKAWA）
『英語と日本語で読む武士道』　新渡戸稲造（奈良本辰也訳・三笠書房）
『自分をもっと深く掘れ！』　新渡戸稲造（三笠書房）
『修養』　新渡戸稲造（株式会社KADOKAWA）
『新渡戸稲造全集』（教文館）
『新渡戸稲造論集』（鈴木範久編・岩波書店）
『新渡戸稲造はなぜ「武士道」を書いたのか』　草原克豪（ＰＨＰ研究所）
『「武士道」を読む』　太田愛人（平凡社）
『高校生が読んでいる「武士道」』　大森惠子（角川書店）
『新渡戸稲造ものがたり』　柴崎由紀（銀の鈴社）
『新渡戸稲造　日本初の国際連盟職員』　玉城英彦（彩流社）
『武士道の名著』　山本博文（中央公論新社）
『「武士道」解題』　李登輝（小学館）
『新・台湾の主張』　李登輝（ＰＨＰ研究所）

『街道をゆく40　台湾紀行』　司馬遼太郎（朝日新聞出版）
『台湾人と日本精神』　蔡焜燦（小学館）
『学問のすゝめ』　福沢諭吉（岩波書店）
『新訂　福翁自伝』　福沢諭吉（富田正文校訂・岩波書店）
『日本人の誇り』　藤原正彦（文藝春秋）
『決定版　この国のけじめ』　藤原正彦（文藝春秋）
『国家の品格』　藤原正彦（新潮社）
『朝鮮紀行』　イザベラ・バード（時岡敬子訳・講談社）
『韓国併合への道』　呉善花（文藝春秋）
『完訳紫禁城の黄昏』上・下　R・Fジョンストン（中山理訳・祥伝社）
『シュリーマン旅行記　清国・日本』　ハインリッヒ・シュリーマン（石井和子訳・講談社）
『「満州国」見聞記』　ハインリッヒ・シュネー（金森誠也訳・講談社）
『ポーツマスの旗』　吉村昭（新潮社）
『論語と算盤』　渋沢栄一（株式会社KADOKAWA）
『殉死』　司馬遼太郎（文藝春秋）
『さざなみ軍記　ジョン万次郎漂流記』　井伏鱒二（新潮社）
『ホイットマン詩集　草の葉〔中〕』　ホイットマン（鍋島能弘・酒本雅之訳・岩波書店）
『忠臣蔵』　渡辺保（講談社）
『渡部昇一の昭和史』　渡部昇一（ワック株式会社）
『青い目をしたお人形は』　武田英子（太平出版社）
『インディラとともに』　川口幸男（大日本図書）
『十和田市・三本木原開拓と新渡戸三代の歴史ガイドブック』　新渡戸憲之・新渡戸明（太素顕彰会）

著者略歴

川口泰英（かわぐち・やすひで）

昭和33年（1958）、弘前市生まれ。
20年間、十和田市に居住。団体職員。
現住所　弘前市田町2-2-4
著　書　『雪の八甲田で何が起ったのか』
『後藤伍長は立っていたか』
『知られざる雪中行軍』
『雪中行軍「驚愕」の事実』
『荒野に町をつくれ』
『雪中行軍はなぜ失敗したか』
（いずれも北方新社刊）

武士道に生きる
——新渡戸稲造が説いた日本の精神

2020年5月4日初版発行

著者・制作者　川口泰英
印刷・製本　小野印刷所
発　行　新渡戸記念館ボランティア
Kyosokyodo（共創郷土）
販　売　北方新社
〒036-8173 弘前市富田町52
TEL 0172-36-2821
ISBN978-4-89297-274-4 C0095